ルポ

闘う情状弁護へ

「知的・発達障害と更生支援」、その新しい潮流

Satō Mikio
佐藤幹夫

論創社

「お願いしたいのは、私たちを公正に裁いて欲しいということです。どうか私たちを、あなたたち自身が裁いて欲しいと思うやり方で裁いて下さい。」

――女性の黒人革命家アフェニー・シェーカーが陪審員に向けた最終弁論のことば

アンジェラ・デービス編著、袖井林二郎監訳『もし奴らに朝が来たら』（青木英五郎『日本の刑事裁判――冤罪を生む構造――』（岩波新書）より転用）

故・副島洋明弁護士へ

はじめに　「障害と司法」というテーマをどう受け止めてきたか

本書は、二〇一二年に大阪市平野区で起きたある殺人事件と、そこに下された大阪地裁の判決に端を発しています。いわば、「自閉症スペクトラム障害・知的障害と刑事事件」という、わたしがこの二〇年間に取り組んできたテーマの、とりあえずの締めくくり、集大成という意味をもつものです。それがどのようなものかを述べる前に、このテーマにどうかかわり、どんな経緯を経てここにいたっているか、簡単にふり返ってみます。

二〇〇一年、わたしは特別支援学校（当時は養護学校・以下同）の職を辞し、フリーのライターとなりました。偶然ではあるでしょうが、この年、二つの重大な事件が起きました。一つは東京浅草での事件であり（以下、浅草事件。『自閉症裁判』としてまとめています。詳細は後述します）、こちらは四月三〇日に起きています。もう一つは六月八日、大阪教育大附属池田小学校で起きた児童殺傷事件です（以下、池田小事件。こちらは『宅間守精神鑑定書』の著者であり、加害者の鑑定人である岡江晃氏を招いておこなわれた講演とシンポジウムの記録を、『『宅間守精神鑑定書』を読む』としてまとめました）。

浅草事件の加害男性は、軽度の知的なハンディキャップをもちながらも福祉の支援を拒み、また福祉からも拒まれ、卒業後の一〇年ほどの人生を、受刑者としての生活と路上生活をくりかえしながら過ごしました。家には帰れず、居場所をなくし、金銭的に困り果て、そのはてに女子短大生に通り魔的に刃物を向けた事件でした。池田小事件の加害者は、人生の早い時期から粗暴行為をくりかえし、犯罪行為にエスカレートさせながら、精神科の治療と入退院をくり返していました。自分の生まれと育ちに激しい呪詛を向け、そんな人生に決着をつけようと何の落ち度もゆかりもない子どもたちを巻き込んで、凄惨すぎる事件に到り着いたのです。

二つの事件はともに、特別支援学校の教員というわたしのそれまでの職業に深くかかわるものであり、衝撃はおおきく、また複雑な気持ちでした。とはいえ、自らの意思で積極的にこのテーマに取り組み始めたというよりも、事件の濁流に巻き込まれるようにして取材に入り、少しずつ自分のライフワークとして向き合うことを余儀なくされていきました。気がつけば、二〇年という歳月が過ぎていたというわけです。

「障害と犯罪」、二つの視点

「障害と犯罪加害」という、しかも殺人事件の加害者などという、教育や福祉の関係者のだれも触れたがらないテーマに、なぜ取り組むようになったのでしょう。またどうして「もうこれで最後にしよう」と思いながら、この本で四冊目、二〇年にもわたって取材と執筆を続けることになったのでしょう。いくつか思うところを述べてみます。

同じ「障害と犯罪」というテーマではあっても、池田小の事件は「精神科医療に深く関連する事件」であり、浅草事件の方は「福祉と教育に深くかかわる事件」です。共通して言えることは、普段は、「共生社会」とか「差別のない平等な社会」といった〝建前〟（もちろん建前であれ、この理念は重要です）の奥に隠れている、障害をもつ人びとへの差別、侮蔑感、排除の感情が、事件が起きた途端、社会のあちこちから噴出してくることです。あっという間に世論の多くが、「なぜこんな危険な人間を野放しにしておくのか」という〝野放し論〟に形を変えます。わたしはそういった事態にこれまで何度となく立ち会ってきました。社会の忌避感情はほとんど変わってないと今も感じています。

こうしたなかにあって、この間、わたしの問いや問題意識は次のようなものでした。

池田小学校事件は、精神科臨床の診断や治療、精神鑑定というものが（とくに起訴前の簡易鑑定が）、どこまで有効性や妥当性をもつものかという疑義を、社会のなかに浮かび上がらせました。この事件のあと、詐病ということばや刑法三九条、責任能力ということばが、メディアに露出するようになりました。いわば、鑑定を含め、精神科医療への信頼をどう担保するのかという問題が、一気に現れるようになったのです。

もう一つの浅草事件の方はどうでしょうか。障害をもつ人びとが、犯罪加害者あるいは被疑者として現れてくるまでの間、どのような人生の経緯を経ているのか、なぜ犯罪加害などというところに追い込まれてしまったのかというような、いわば彼らの生活史にかかわる問題がありました。ここには教育も福祉もそして司法も、彼らの現状に蓋をし、見ぬふりをしてきた、という長い歴史があります（＊）。

さらには、障害をもつ人たちが司法の場面に現れたとき、取り調べから始まる一連の刑事手続きに、どんなふうにして乗せられていくのか。取調室という〝密室〟で何が行われているのか。あるいは刑事施設には障害をもつ人の割合が二割から三割を占めるという事実も取材に入ってすぐに知ったのですが、なぜこんなことになっているのか、この点にも詳しい吟味が必要なのではないかというように、司法にかかわる問題がありました。言ってみればわたしは、「障害と犯罪」の背後にある見えにくい問題、タブー視されてきた問題を明るみに出し、こうした現実を理解してほしいというアナウンスを、二〇年間くりかえしてきたわけです。

しかしまたここには深いジレンマがあることも理解していきました。知的障害や自閉性の障害がどんなもので、それが犯罪加害にいたるプロセスのなかで、どのようにマイナス要因として働いてしまうのか。そのことを明瞭に描こうとすればするほど、逆に、「障害者は犯罪予備軍である」といったように、「障害者と犯罪」を強く結びつけてしまうことになりかねません。実際、そういう批判を直接に、あるいは間接に向けられたこともありました。彼らの特性を浮かび上がらせようとすればするほど、そこには「障害／健常」という分断線が引かれることになり、これはわたしにとって背理でした。

わたしの最大のテーマは、「障害／健常」などという分断の必要のない社会、そんなことば自体がなくても暮らしていける社会がどうすれば可能なのかというものです。そんなことは非現実的な夢想にすぎない、と〝リアリスト〟を自称する人たちからは嘲笑されるでしょうが、ともあれ、自分自身の著作が背理であり、この背理をどうクリアしていくか。そのこともまた重要な課題でした。

もう一つありました。わたしの訴えが「障害者だから罰を免じてほしい、許してほしい」という昔ながらの、やさしさと思いやりの「障害者擁護論」と見なされることが少なくなかったことです。結果、「その考えはおかしい。障害者と言えども、罪は罰せられるべきだ、責任はとるべきだ」という、わたしからすれば的外れの批判が向けられることも少なくありませんでした。しかし、拙著を読んでいただければ理解していただけると思うのですが、わたしの訴えはむしろ反対です。「その責任に応じてしっかりと裁いて欲しい」というものです。ただし、ここには続きがあります。「そのためにも、彼らの障害をきちんと理解してほしい」。そういう訴えです。

ところがなかなか届きません。メディアはあいかわらず触れずに済まそうとしていましたし、触れたとしてもどこか腰が引けていました。社会はただただ危険視し、排除感情を強くするか、あるいは差別はしませんと言いながら巧妙に排除しようとします。この高いハードルをいきなり突破することは無理だろうと腹を決めてはいますが、少しでも多くの人に理解してもらうためには、どんなふうに問題を整理し、どんな戦略を立てて進めていったらいいのか。これらのことが、この間、わたしのなかで課題化されていきました。

ところが、さらに難題にぶつかります。

一つは冒頭で述べた、二〇一二年に大阪市平野区で起きた、アスペルガー症候群と診断された青年による「実姉殺人事件」です。それを裁いた大阪地裁の判決が、「アスペルガー症候群の受刑者・出所者への『社会的受け皿』はあるのか」、と問うてきました。ある雑誌より執筆依頼を受け、取材に入ったのですが、これにどう答えるのか試行錯誤が続き、自分で納得のできる着地点を見いだせないまま時間ばかりが過ぎていきました。そのさなかに突然降って湧いたように、二〇一七年、神奈川県相模原市での入所施設津久井やまゆり園で「優生思想テロ」ともいうべき愚かしい大量殺傷事件が発生しました。ターゲットとされたのは重度の「障害」をもつ人びとでした。

わたしは、この二つの事件が間違いなく連動していると受けとめました。一方は裁判所の裁判官と裁判員という、公的な日本国民の声の、最大公約数ともいうべき法廷で示された「障害者差別」です。

そしてもう一つは現在、日本の若者の多数を占めている層、自分の社会的有用感や尊厳をすり減らしながら成長しなければならなかった層から、突然飛び出してきたヘイトと差別と優生思想の、権化のような事件です。いわば社会の両極から、公然と「障害者差別」が発信されたのです。

やまゆり園の事件の後、膨大な意見がメディアに流されたのですが、この二つを結びつけて論じた例を、わたしは知りません。福祉支援者と言えども、「犯罪加害者」へはやはり無関心なのでしょうか。ともあれわたしはここで腹を決め、それまで滞らせていた大阪平野区の事件についての取材と執筆を再開させました。同時に「津久井やまゆり園事件を考え続ける会」に参加させていただきながら、少しずつ手探りを始めています。どこまで論じきることができるかはわかりませんが、こちらは次の仕事になるはずです。

大阪平野区の事件についていえば、社会的受け皿、更生支援、刑事弁護の在り方が課題です。社会的受け皿となる現場、社会福祉士、弁護士、医師、刑事政策のスペシャリストの方々を、集中的に取材する日が続きました。そしてすぐに、「司法と福祉の連携・協働」が、新たな局面へと入っていることを知らされました。連携は深められ、さまざまなスタイルでの支援がなされるようになっています。これは間違いなく、大きな進展です。

ところが、取材を進め、文献や資料を読み込んでいくなかで、手放しで喜んでいい事態だけではないことに気づいていきます。その一つが、「再犯防止と更生支援」ということばに含まれる、微妙だけれども重要な相違です。これは言葉上の表面的な相違にとどまるものではなく、「福祉」がもつ性格の、深いところへの問いかけを含む問題です。

詳しくは本文で述べることになりますが、ここが、二〇年前に渦に巻き込まれるようにして取り組み始めた「障害と刑事事件」というテーマがたどりついたところでした。

本書を、故・副島洋明弁護士に捧げます。

（＊）この点について副島隆彦と山口宏の共著『法律学の正体』（洋泉社・二〇〇二年）のなかで、副島氏が次のように述べています。「率直に、正直な話をしますと、日本の犯罪者たちの相当の割合が、じつは潜在的な常習犯罪者であるわけです。これは日本の言論界では言ってはならないことになっていますが、もはや言わざるをえない。刑務所から出てもまたすぐに犯罪を起こして舞い戻ってくる。どうしても自分で自分の生活を規律することができない人々が犯罪者という認定を受けて、いわば社会福祉施設として刑務所・拘置所が存在しているのです」

このことは刑法の実務にいる人はすべてよくわかっているといい、ロンブローゾの「生来的犯罪者説」

に触れた後、次のように書きます。「それはともかくとして、思いやりとかやさしさとか『人権思想』が妙なふうに膨張したために、（刑法学者は）自分の善意を守り通すために、犯罪者へのいたわりを示そうとして、そのような常習的犯罪者像を率直に語ることなしにたとえば死刑の是非とかを語ることはもはや大きな欺瞞・偽善であると思います」。これがおそらく当時の〝常識的〟な見解でした。

いわば『自閉症裁判』という本は、「日本の言論界では言ってはならないこと」を、初めて白日の下にさらしたわけです。ただし、ここで言われている「常習的犯罪者」を、たんなる「やさしさとか思いやり」で描いたのではなく、徹底してリアルなまなざしを向けたときにどのような実状が浮かび上がってくるか、そのことを追求したのです。「どうしても自分で自分の生活を規律することができない人々」という個人因子に還元するのではなく、「社会生活上において大きなハンディキャップをもたされている人」と、視線変更をしていったというわけです。

ルポ 闘う情状弁護へ　目次

——「知的・発達障害と更生支援」、その新しい潮流

ルポ　闘う情状弁護へ――「知的・発達障害と更生支援」、その新しい潮流

プロローグ　パラダイムの転換と〝新しい潮流〟の背後にあるもの

『薬物依存症』と現場のパラダイムチェンジ

本章に入る前に、一つの社会的背景について、簡単なアウトラインを描いておきたい。

この二〇年の間、わたしは障害者福祉、高齢者ケア、困窮者支援、特別支援教育現場、精神科医療と、さまざまな現場取材をつづけてきた。改めて感じることは、チーム支援や多職種連携が今や当たり前のようにおこなわれていることに加え、大きなパラダイムチェンジ（思考転換・文脈転換）が生じているという事実だった。その兆候が見られるようになったのは、二〇〇〇年前後くらいからだろうか。二〇一〇年代に入ると、もはやそれはあきらかだった。

もちろん現場でのありかたはさまざまで、自分たちにとって「あたりまえのこと」を「あたりまえ」にやっているだけだ、と感じながら実践している現場がある。第三者から見ると、じつはとても先駆的な取り組みであったり、これまでの支援の〝常識（セオリー）〟をとうに超えるほど先んじている、という現場もあった。

しかしまた一方では、旧態依然とした理念や支援のスタイルを疑わずにもちつづけている現場もあり、支援とは囲い込みであり、指導・管理だと考えているかのような現場もあいかわらず残っていた。自らを開いていこうとする現場、自らに自足したままの現場。この大きな二極化が、パラダイムチェンジのなかで生じていた。

では、「パラダイムチェンジ・発想の転換」とはどんなものだろうか。象徴的だと感じた例を一つだけ取り上げてみる。

二〇一八年九月に、松本俊彦医師（＊1）の手になる『薬物依存症』（ちくま新書）が出版された。著者の松本は、我が国の依存症治療の第一人者と見なされている医師だが、一読し、いくつもの重要なことが書かれていることを感じた。その最大のものは、これまでの薬物依存症の〝患者観（あるいは患者像）〟の転換を、強く打ち出していることだった。

一九八三年、「覚醒剤やめますか？　それとも人間やめますか？」という、日本民間放送連盟（民放連）による麻薬撲滅キャンペーンのCMが流れていたが、これは間違いなく大きなインパクトがあった。コピーにあるように、薬物依存者は「人間をやめてしまった」人たちであり、「社会からドロップアウトした」存在である、そんな人間にならないためにも薬物には絶対に手を出さないように、というのがこのCMが発する強烈なメッセージだった。このイメージこそが、現在まで延々と続いてきた薬物依存者に対する社会の眼差しである。つまりは、依存者は社会から排除されるのが〝至極当然〟、と見られていたし、今もそれは続いている（先の本の出版と、松本医師の積極的な啓発活動もあり、だいぶ変化の兆しはみられるが）。

松本の大きな功績は、このような患者像をひっくり返したことである。社会における排除のまなざしが強ければ強いほど、患者は依存から抜けられなくなる。治療をいくらくくり返しても、治療可能性は低くなる。依存が深まれば深まるほど孤立する。孤立から脱却するために何よりも必要なのは、社会の理解や他者の支え（つながり）であり、嘘をつかなくても済むような居場所だと松本は強調する。

薬物に手を染める人間はもともと孤立傾向が強く、ストレスや精神的負荷を抱えこんでしまうタイプが多い。孤立とストレスを解消しようとして薬物に手を出してしまうが、しかしそれはさらに深い孤立に自らを追い詰め、依存に拍車がかかる。失敗してはいけない、というプレッシャーが多くの「嘘」をつかせ、悪循環から抜けられなくなる。このプロセスが、治療に失敗し、依存から脱却できない最大の理由である。つながりを求めようとして孤立の深みにはまり込んでいくのが、薬物依存症者の特徴なのだと松本はいう。

したがって患者を孤立させないことが治療の最大の目標になる。大事なことは、患者を刑務所に閉じ込めておくことでも、長期収容入院させることでもなく、社会のなかに居場所を作ることである。周囲の支援者に支えられながら、生活を維持していくことである。そのような社会を作ることこそが、依存から回復できる大きな要因である、と明快な主張を打ち出した。

パラダイムチェンジという冒頭の話に戻せば、『薬物依存症』という本は、先に挙げた支援現場で起こっている発想の転換を、とても象徴的に示していると感じたのである。これまでは医療に忌避され、社会からも排除されてきた依存症者を、依存症は病であり、依存症者は回復できるという患者イメージへの転換である。したがって松本の活動は、刑事処遇の改革という意義をもつ。

いま、司法の現場で何が起きているのか

さて本書では、「治療的司法」「司法と福祉の協働」ということばが（特に第Ⅲ部で）多く使用されるが、それが本書のキーワードとなる。「知的・発達障害者の更生支援」を積極的に訴える刑事弁護に、「新しい情状弁護」「闘う情状弁護」ということばをあてている。通常の刑事弁護にあっても被告人の生育や生活条件などの情状を前面に出し、酌量を訴える弁護は行われていたが、これらのことばは、さらに踏み込んだ意図を込めたものである。

近年の更生を訴える情状弁護について、専門書を開くと、次のように書かれている。

「更生支援計画を最大の情状立証とする情状弁護としては、本来、被告人の生育歴や全生活のなかから、犯罪に至った理由を明らかにし、被告人の苦境をくみ取り、被告人に有利な事情を探し出して立証し、その後の更生につなげるような程度のものが必要である。裁判をしのぐだけの方便としての情状立証であっては、真に被告人の更生に資するものとはならないからである」（＊2）

一九九〇年代ごろより、熱心に、知的障害をもつ人たちの刑事弁護に取り組む一握りの弁護士は見られた。その弁護士たちの採っている弁護方法が、今思えば、ここでの「更生支援を目指した情状弁護」であり、「司法と福祉の協働」の源流だったといえる。言い換えれば、刑事弁護と更生支援の領域にも、二〇年の間に〝新しい潮流〟と呼びたくなる質的な変容が起きていたのである。職人的弁護で皆を引っ張る弁護人、それを補佐・補助する福祉実践者という関係が、互いにそれぞれの良さを理解し、補い合う対等の「協働」の関係へ、という変化だといってよい。

この変化は、まず「司法と福祉の連携」が言われ、法務省と厚生労働省が初めて提携する形で、地域生活定着支援センターが全国都道府県に設立された。そのことによって、身元引受人のいない満期出所の「困窮・高齢・障害」をもつ受刑囚を、出所時点で福祉につなぐ、いわゆる「出口支援」が始まり、それはいまや定着している（とはいえ、出所者を受け入れる福祉の側はあいかわらず広がりをもてずにいるが）。逮捕・勾留から公判にいたる過程でも、法務・検察庁は積極的に社会福祉士の導入を図りはじめた。

弁護士にあっても、社会福祉士や福祉施設の職員との協働を志向する弁護が浸透しはじめた。「更生支援計画書」を携えて証言する証人（社会福祉士や精神保健福祉士、施設職員など福祉関係者）は、「情状証人」と呼ばれ、障害と生活の現状（アセスメント）、生育歴、支援計画などを書面化し弁護活動の前面に出していく。この更生支援計画書を、「情状証拠」という。

では、従来の刑事弁護とどこがどう違っているだろうか。本書の第Ⅲ部・第一一章に登場する浦崎寛泰弁護士は、従来の「量刑相場と情状弁護」について次のように述べている（＊3）。

「刑事裁判そのものが一つの課題ではあるのですが、法律は何も変わっていませんから、昔ながらの刑事裁判がつづけられているわけです。日本の刑事裁判はやったことに見合った刑罰を科すという考え方〔行為責任主義〕なので、障害があろうが反省していようが、どんな生い立ちだろうが、貧しい家庭だろうが裕福だろうが、ほとんど関係がない。

財産犯であればいくら盗んだかという被害額。殺人であれば計画性があったかなかったか。凶器はどうだったか。傷害であれば全治何カ月か。やったことの重さに見合って刑が決まるというのが、日本の刑事裁判です。それによって量刑相場が作られてきたわけです」
従来型の裁判では、裁判官室にある量刑端末で、凶器は何か、ケガがどれくらいか、計画性はあったかなど、いくつかの検索項目を入力するとグラフが出てきて、それを参考にして懲役何年から何年まで、という量刑のおおよその枠が決まるという。量刑はそのようなシステムのなかでキャリア裁判官が積み上げてきた歴史であり、裁判員裁判になってもその基本は変わらないと浦崎はいう。

「刑事弁護人は量刑を軽くしないといけないので、裁判官に向って『この人の生い立ちはこうで、障害があるにもかかわらず支援がなかった、こんな人を刑務所に入れるよりも医療ではないか』と訴えることになるわけですが、そういうことを一〇〇回言ってもキャリア裁判官には通じない。あくまでも量刑端末で決まっているわけです」

このシステムが強固である限り、「更生支援計画書」を前面に打ち出して弁護に当たったとしても、現状の打開は難しい。では、どうすればいいのだろうか。

「少なくとも今のシステムが変わるまでは、『障害』をストレートに押し出すのではなく、従来の裁判官のなかにも収まるようなかたちで、『障害』自体がどう事件に影響があったのか。障害があるから事件を起こしたという説明ではなく、背景に発達・知的障害があり、仕事がうまくいかない、職場でトラブルになり、仕事がなくなる。家庭内でストレスがたまる。とっさに手が出てしまった、家を追い出された。家庭内で虐待があった。その延長でこの事件は起きた。だからやったことに対する責任の重さも変わる。そういう描き方を、弁護士がきちんとできるかどうか」

もう一点注意すべきは、先ほど書いたように法務省も福祉との連携を強く打ち出し、刑事施設や検察庁へ社会福祉士の参入を押し進めてきたのだが、では、これで「めでたしめでたし」で終わるかというと、そうはならないところが、刑事司法領域の面倒なところである。一部弁護士などの法曹家や刑事司法学者、社会福祉士から警鐘が発せられるようになっているが、難題はおおよそつぎのようなものである。

「再犯防止」や治安維持に反対する国民はいない。安心と安全は社会の基盤である。しかしそれが、ときに一人の人間（「罪を犯す障害者」）の、大きな権利侵害・心理的物理的侵害によってもたらされるようならば、本末転倒である。詳しくは第六章で述べるが、更生支援と再犯防止は異なる。福祉の側がこの感度をどこまでもつことができるか。捜査機関の下請けや肩代わりとなってしまうようであれば、障害をもつ当事者のみならず、社会にとって大きな脅威となる。

このような特性を福祉は有している。かつての旧優生保護法での強制不妊手術、本人の意思を無視した施設収容。支援の名のもとの管理や指導、強制。これまでの福祉が行ってきたこうした負の側面は、決して忘れてはならないものである。

司法の課題も少なくない。「代用監獄」の残置（警察は思いのままに取り調べができ、冤罪を生む大きな要因の一つと言われる）の問題。青木英五郎がすでに五〇年前に『日本の刑事司法』で指摘した「検察官司法」「人質司法」と言われるような被疑者にとっての圧倒的な不利益は、いまだ是正されていない（取り調べの全面可視化が進められているが、それに対しても、検察官が自分たちの有罪立証の有力な証拠となるよう巧みな使い方をしている、という批判が弁護士会などから出されるようになった）。さらに言えば、治安維持法時代の司法界の上層部が戦後も残り、戦前の体質がじつは戦後もそのまま温存されている、と指摘する識者もいる（例えば、内田博文『治安維持法と共謀罪』岩波新書）。

こうした課題が改善されないまま、そこに、裁判員制度が加わることになった。これは、国民を排除して成り立ってきた「官僚裁判」と言われるような、旧来からつづく刑事裁判の閉鎖的体質を是正しようと導入されたはずの制度であるが、始まって以来、厳しい批判が寄せられてきた。このように、刑事司法には多くの課題があるといわれながら、戦前の「閉ざされた司法」への反動化を示しつつあるのではないかと危惧されるときに、「司法と福祉による協働的支援」という取り組みが推し進められようとしている。

いいかえれば、「司法と福祉による協働的支援」は近代を前へ進めようとする潮流である。しかし、それと拮抗するように、見えにくいところでプレ・近代へと引き戻そうとする力も働いているることは間違いないことだ。この二重の潮流がさまざまな形で亀裂を大きくしつつあるというのが、もう一つの社会背景である。

（＊1）松本俊彦の肩書は「国立精神・神経医療研究センター精神保健研究所薬物依存研究部部長兼薬物依存症治療センターセンター長」。

（＊2）内田扶喜子・谷村慎介・原田和明・水藤昌彦『罪を犯した知的障がいのある人の弁護と支援

司法と福祉の協働実践』（二〇一一年・現代人文社）

（＊3）浦﨑へのインタビューは、『飢餓陣営』48・二〇一九年春号に、「弁護士とソーシャルワーカーの協働をめざして」として掲載された。またこの領域の理論的支柱となってきたのが土井政和氏（九州大学名誉教授・刑事法）である。「『刑事司法と福祉の連携』の権利論的構成」（二〇一八年・『司法と福祉の連携』の展開と課題』・現代人文社・所収）など。

〔注記〕本書での用語は、自閉症スペクトラム障害のほか、アスペルガー障害、広汎性発達障害、発達障害、自閉症圏の障害といった用語が混在して用いられていますが、いずれも、昨今の医学用語でいう「自閉症スペクトラム障害」とほぼ同義で用いています。個人的には微妙なニュアンスや概念の相違をそれぞれの語彙にもっているので、あえて統一することはしませんでした。

また、知的障害や、自閉症スペクトラムそれ自体は、「犯罪」行為へは直結しません。ただ、生きていく上でのハンディキャップ（困難）となることが少なくありません。社会的障壁や人間関係における不利益が、適切なサポートのないままにされたとき、犯罪へといたるリスク因子を招き寄せることになります。人とのかかわりから孤立し、社会から排除された状態に長期に置かれるにつれ、リスクは相乗的に大きくなっていきます。そして二次要因（いわゆる認知の歪みの促進）、三次要因（偶発的出来事）が複合されるとき、犯罪行為を結果とします。ともあれ、「障害は犯罪には直結しない」こと、この点はあらかじめ、銘記しておきたいと思います。

また（　）は、引用の雑誌論文・談話、著書の原文のものであり、〔　〕は、引用文や談話における著者（佐藤）による補足、と区別して表記しました。

　取材に応じてくださった方々の肩書は、取材時のままです。以降の本文では敬称は略させていただきました。ご海容ください。

第Ⅰ部　ドキュメント　大阪地裁判決はなぜ求刑を上回ったのか

第一章　二〇一二年七月、ある判決、噴出する批判
――アスペルガー症候群と裁判員裁判

波紋を広げた「量刑の理由」

二〇一二年七月三〇日、大阪地方裁判所（以下、大阪地裁）が下した一つの判決が、大きな反響と批判を呼び起こした。

罪を問われたのは四〇代男性。被害者は、男性の毎日の生活援助者であった実姉。罪状は殺人。検察官が示した「犯行にいたるまでの経緯」、あるいは「犯行時の事実の認定」については、本人弁護側双方ともに争いがなく、量刑が最大の争点となっていた。

検察官は、強い殺意にもとづく犯行であり、結果が重大であること、母、次姉、被害者の夫など、被害者遺族の処罰感情には強いものがあり、できる限り刑事施設への長期の収容を望んでいること。犯行にいたる経緯、動機が身勝手で悪質であり、被告にはいまだ真摯な反省が見られないことなどを理由として、懲役一六年の求刑を申し渡していた。

一方、弁護側は、被告男性が一〇歳より三〇年に及ぶ引きこもりの生活を続けており、逮捕後の精神鑑定ではアスペルガー症候群と診断されたにもかかわらず、犯行に及ぶまで全く支援のない状態であったこと、姉への怨恨は、生活実態の窮状や障害によって引き起こされたものであることとな

どを訴え、保護観察付の執行猶予付き判決を求めていた。

裁判所が下した判決は求刑の一六年を超え、有期刑では最長となる懲役二〇年が言い渡された。この事実がまず世間の注目を集めた。それとともに驚かせたのは、判決理由として、以下のような記載がみられたことだった。

「(量刑の理由)

…(略)…すなわち、被告人は、本件犯行を犯していながら、未だ十分な反省にいたっていない。確かに、被告人が十分に反省する態度を示すことができないことにはアスペルガー症候群の影響があり、通常人と同様の倫理的非難を加えることはできない。しかし、健全な社会常識という観点からは、いかに病気の影響があるとはいえ、十分な反省のないまま被告人が社会に復帰すればそのころ被告人と接点をもつ者のなかで、被告人の意に沿わない者に対して、被告人が本件と同様の犯行に及ぶことが心配される。被告人の母や次姉が被告人との同居を明確に断り、社会内で被告人のアスペルガー症候群という精神障害に対応できる受け皿が何ら用意されていないし、その見込みもないという現状の下では、再犯のおそれが更に強く心配されるといわざるを得ず、この点も量刑上重視せざるを得ない。被告人に対しては、許される限り長期間刑務所に収容することで内省を深めさせる必要があり、そうすることが、社会秩序の維持にも資する」

この判決に対し、ただちにメディアは反応した。「保安処分」ということばを明記する社説さえ見られた。報道を受けた関連団体からは、次々と抗議声明が出されていった。そのなかから適宜拾い上げてみる（文責は佐藤、肩書はすべて当時のもの）。
「1．障害を理由に罪を重くすることは差別ではないのか」「2．発達障害を正しく理解した上での判決となっているのか」「受け皿が用意されていないこと、その見込みもないというのは本当か」（日本発達障害ネットワーク　理事長　市川宏伸）
「この判決には、アスペルガー症候群に対する無理解および偏見があり、少なくとも五つの問題点がある」「アスペルガー症候群であるからといって、反省ができないというのは明確な誤認である。……自己の行動の意味を理解し、社会のルールの意味を理解することができるような適切な支援が根気強くなされれば、十分に反省することは可能である」「（2）……アスペルガー症候群であれば、まるで、意に沿わなければすぐに犯行にいたるかのような認定は、何ら根拠のない偏見と差別に基づくものである」「（3）……そもそも、成人した本人と親・きょうだいが一緒に住む義務はないし、『社会の受け皿』はグループホームやケアホームなど、社会が提供すべきものであり、安易な家族責任論に立脚している」（日本自閉症協会　会長　山崎晃資）
「……同判決には、少なくとも看過することのできない2つの重大な点がある。／第1に、刑法の責任主義の原則に反する点である。……まさに保安処分の理念に基づいて量刑判断がなされたものと言わざるを得ない」「第2に、発達障害の特性及び発達障害者支援法の趣旨への無理解に基づき、発達障害者に対する偏見、差別を助長するおそれがある点である」（大阪弁護士会　会長　藪野恒明）

その他の抗議声明も同様に、アスペルガー症候群に対する理解の欠如、偏見を増長しかねない差別的見解であり、再犯の危惧故に刑事施設に長期にわたって収容する必要があるとする主張は保安処分である、などがニュアンスの濃淡こそあれその批判内容だった。

いくつかの疑問

二〇一二年のこの時期に、いまだにこのような見解がもたれ、それが刑事裁判という公的な場で〝判決理由〟として述べられる。そのことに、まずは、信じがたいという気持ちが湧きおこった。ましてや裁判員裁判によって示された見解である。信じがたいことではあるが、これは、少なくとも社会の最大公約数的な声であると考えなくてはならない。わたしたちの〝障害者観〟は、いまだこのようなものだったのである。

わたしは複雑な思いを抱いてもいた。「反省や贖罪の感情の乏しさ」「共有のしにくさ」は、自閉症スペクトラム障害の特徴の一つである。またその特性がさまざまな場面でミスマッチを作り、激しい行動障害や感覚過敏をもたらし、それが生活障害となり、重篤化したとき家族も現場も対応に苦慮する（もちろん、最も苦しいのは当事者本人である）。

引きこもりの生活が始まり、家族ともコミュニケーションを閉ざし、思いつめた果てに到り着く重大事件は、新幹線内での殺傷事件としてつい最近も社会に衝撃を与えたばかりだった。いずれも孤立のなかで、家族や本人は直接的・間接的にSOSを発信していたことが推測される。公判で、検察官と弁護人はどのような論議をしていたのか。裁判員はそれをどう受けとめ、どんなプロセスを経て結論にいたったのか。裁判員制度の仕組み自体に問題はないか。あるいは裁判員裁判にとどまらず、現在の刑事司法全体の問題が、ここから燻り出されるのではないか。

一報を受けた後、ある雑誌より依頼があり、わたしはすぐに取材に入った。まずは、大阪で刑事裁判に取り組む弁護士、研究者、医師、直接本人に支援をする福祉関係者など、可能な範囲で取材依頼を入れた。以下、第Ⅰ部は雑誌『世界』（岩波書店）での連載稿をまとめ直したものである。

事件のあらまし

報道や入手した裁判資料等によると、事件のあらましは次の通りだった。

男性は、小学校五年生（一〇歳）の頃より三〇年にわたって自宅に引きこもる生活をつづけてきたが、この間、姉に対して被害感情をはげしく募らせ、恨みを強めていた。

事件は、二〇一一年七月二五日午後二時過ぎに起きた。男性の自宅を訪れた姉に対し、包丁で腹部や腕など数カ所を多数回突き刺した。姉は玄関の外まで出て、大声で近隣住民に助けを求めた。すぐに救急車がかけつけ、病院に救急搬送されるも出血性ショックによって死亡するという、痛ましくも凄惨な事件だった（なぜ恨みをもつようになったのか。引きこもりの間、どんなふうにして過ごしてきたのかについては後述する）。

裁判は四回にわたって開かれた。一回目は冒頭陳述と証人尋問。二回目は証拠調べと被告人質問。三回目が論告求刑と最終弁論。そして四回目が判決公判だった。わたしはまず大阪に飛び、障害をもつ人の刑事事件に早くから取り組んでいた弁護士を訪ねた。

弁護の実際はどうだったのか

「大阪の弁護士会では、善し悪し両面があるだろうけれども、たとえばこうした発達障害がからんだ事件が起きると、どんな事件で誰が担当している、とすぐに連絡し合ったり相談するなりして、応援に入っていました。いまはそういう、いい意味でのムラ的なつながりがなくなってしまいました。我々の立場からいえば、この弁護士さんをフォローする体制がどうしてできなかったのか、まずはそのことを反省すべきだろうと思うのですね」

そう語るのは、大阪市のいぶき法律事務所に所属する岩佐嘉彦弁護士（大阪弁護士会）である。事務所を訪ねたのは二〇一二年の九月一〇日。岩佐は、二〇〇五年に大阪・寝屋川市の小学校で起きた教師殺傷事件（以下、寝屋川事件）の主任弁護人であり、事件の加害者は一六歳の少年で、逮捕後、やはり同じ自閉症圏の広汎性発達障害と診断されていた。この時の裁判は、発達障害特性を示す少年事件のリーディングケース（主要判例）となった。

わたしは今回の判決への感想とともに、発達障害の少年に対する刑事弁護の難しさがどこにあったか、裁判員裁判になって以降、刑事裁判のどこがどう変わったのか、それらを伺うことが目的であった。

大阪では、「障害」のある人びとの刑事弁護を専門的におこなう弁護士の育成に、全国に先駆けて取り組んできた。年に二回、精神科医師を招いて発達障害についての基礎知識を習得したり、大学教授による司法面接の研修の機会が設けられていると岩佐は語る。

「一〇年くらい前は、弁護士間で『発達障害は……』といっても、『なにそれ?』という感じだったのですが、さすがにいまはそういうことはなくなりました。しかしでは、実際の弁護活動でどれくらいカバーできるのかといえば、なかなか難しいところだと思います。

この判決で話題になっている『反省できる、できない』という問題、処遇をどうするかといった問題を本気で訴えようとするのであれば、弁護士自身がまず自分なりに、発達障害の人たちがどういう世界にいるのかということが腑に落ちないと、とても裁判員を説得することはできないと思うのです。そこまで踏み込まないと、一定程度の理解を得るのは難しいでしょうね」

このことは、寝屋川事件の取材のときにもよく話題にされたことであった。広汎性発達障害の少年の体験世界を、自分の身に置き換えて想像することが難しい、そこに弁護の限界を感じる、と岩佐はくりかえしていた。また、次のことも述べた。これまでは職業裁判官だけだったので、この事案は判例からすれば相場が七年から一〇年、今回はこういう事情があるから一〇年、と判決を決めていた。しかし裁判員裁判になり、処遇の問題を意識して弁護しないといけないと言われるようになった。

「裁判員からすれば、自分たちが判決を下した人がどこでどう過ごすのか、当然ながら知りたい。そこで、処遇についての具体的なイメージを求めるようになったのですね。少年の逆送事件〔検察官から家庭裁判所に回されたケースのなかで、もう一度検察官に戻される事件。二〇〇一年の少年法改正により、一六歳以上の少年の殺人事件においては原則逆送となった。逆走されるとほぼ起訴されることになり、成人と同様の公開での裁判となる〕であれば、刑務所に行ったら何年後に出てくるのか、そのとき何歳で親は何歳になっているのか、そういう発想はわたしたちも弱かったし、裁判官も判決を出せばそれで終わりだった」

しかし、裁判員裁判になって基本的なことや原則的なことを、もう一度考え直さなくてはならなくなった。少なくとも裁判員に対しては、法をどう運用し、刑事罰をどんな考えに基づいて実行しているのか、きちんと説明できなくてはならない。裁判員裁判はそこが問われている。そう岩佐は指摘した。まさに、裁判員裁判の本質にかかわる問題だった。

「診断名」をどこまで明らかにするのか

岩佐はまた、このような判決の背景にある現代社会特有の処罰感情の強さを指摘した。

「少年犯罪をどう考えるか。被害者への同情や関心が大きくなる一方で、犯行を犯した少年に対しては、成人と変わらない強い処罰感情をもちますね。児童虐待の事件でもそうです」

裁判員制度が抱えもつ弱点、課題。問われないまま済ませてきたツケが、裁判員の処罰感情とともに、一気に顕れた、そんな判決だったのではないか。それが岩佐の見解だった。

わたしにはもう一つの危惧があった。寝屋川事件以降、「広汎性発達障害」や「アスペルガー症候群」ということば（診断名）が重大事件と結び付けられることで短絡的な偏見を生むと危惧し、診断名をタブー視する気運が再び高まっていることだった。

もちろん、不用意で偏見に満ちた報道は論外であり、事件報道が診断名の記載に慎重になっている点は評価できることだ。しかし必要以上のタブー視は、むしろ大きな偏見に通じていくというのがわたしの基本的な考えだった。寝屋川事件の際にオープンなメディア対応をしていた岩佐が、この点についてどう考えているか、それも聞きたいことの一つだった。

「まず、刑事訴訟法に新たな規定が付され、刑事事件に関する記録を本来の目的以外に使用してはならないことになったのです。わたしたちも裁判資料に関しては、事前にこの件は大丈夫かどうかと話し合うようになりました。他の弁護士さんたちも、神経質になっています。ただわたしは一方で、物事が変わっていくとき、あるいはこのことをきっかけに変わってくれなければ、もう変わる機会はないんじゃないかと思われるときは、許される範囲でメディアへの対応をしようと考えています。

例えば被告人についてこのことはぜひ理解してもらいたい、では誰に話せばいいか、誰だったら書いてもらっていいか。そこは判断します。ケースバイケースですが、少しでも世の中の人に分かってもらいたい、と考えることはあるし、その時はやれる範囲でやってみるということですね」

診断名の記載を近年、密室に閉じ込めてしまったことが、今回の誤った判決を招いた一因ともなったのではないか。改めてそのことを感じさせた岩佐弁護士への取材だった。診断名と報道。これもまたデリケートな問題だった。

検証不可能な判決のプロセス

裁判員制度のもつ課題について、次は供述鑑定のスペシャリストである浜田寿美男に取材をお願いした。二〇一二年九月一二日。場所は静岡。講演を終えた後の浜田と合流しての取材だった。浜田はこの時期、山口県光市の事件についての自白供述を鑑定し、その結果を論じた文章を発表したばかりだという。浜田は次のように語り始めた。

「裁判員は、審議の過程を公にしてはいけないという決まりになっていますが、これは危険です。判決が出てしまえば、どういう議論がなされたのか外に出てしかるべきです。とりわけ今回の大阪地裁のような事件だと、判決にいたるプロセスが一番大事なわけですから、裁判員として一般市民が参加している以上、そのプロセスを透明化することが健全な裁判になることだし、それが構造上できないようになっていることが一番の問題でしょう」

その通りだと思った。とくに今回のように判決が世論の大きな批判にさらされたとき、裁判員にとっては一切弁明や反論の機会がもてないことになる。さらに浜田は、日本の裁判員制度にあって、裁判員が「量刑判断」にまで参加することになっている点にふれた。

「例えば児童虐待や性犯罪にはすごく厳しくなり、子どもの障害で苦しんでいる親が我が子を殺したり、介護で疲れ果てて親を殺したりする事件に対しては、情状は軽くなります。一方で、更生可能性に対して裁判員がどこまで配慮しているのか、そのことが、裁判員裁判では反映されていないのです。将来的な更生可能性よりも、裁判員の同情を引くかどうか、裁判がそういう方向に走りがちになっています。更生の方向での処遇や取り組みがいろいろとなされるようになっていますが、量刑判断のさい、それがどこまでメッセージとして裁判員に伝わっているのかは疑問です。ここは再考すべき点でしょう」

もう一つ、被害者参加制度の問題があった。この制度が始まり、量刑判断に大きな影響を与えるようになったといわれる。浜田は次のような見解を述べた。

「被害者参加についていえば、事実認定についての部分では、参加すべきではないと思います。二段階に分け、事実認定が明らかになって、量刑判断のところで、被害者や遺族が出てきて意見陳述をするというのが筋だと思います。日本の刑事訴訟は、事実認定と責任追及を分けていないのです。でも、ここは分けるのが大原則です」

また浜田は審議における原則的なこと、たとえば罪刑法定主義とはなにか、責任主義とはなにか、心身喪失とはなにか、心神耗弱とはなにか、推定無罪の原則とはなにかなど、公の場で裁判員に説明すべきではないかという。浜田の主張を言い換えるなら、障害の有無にかかわらず、刑事裁判をどう開かれたものにしていくか。透明性の高いものにするか。今回の判決は刑事裁判の根本的な課題を示唆する。それが浜田の批判の大要だった。

取り調べと自白供述書について

浜田には、これまで機会を見つけては、「発達障害と刑事事件」というテーマで話を伺ってきた。次の談話は大阪平野区の事件以前のものであるが、「取り調べ」にたいする浜田の基本的な考えが語られている。

「捜査は『物』から迫るのが基本であり、人から物を求めてはいけないと思うのです。しかし実際にやられているのは、人を捕まえて自白させる、あるいは犯人らしい人を任意同行して調べ上げ、証拠をあとから集めてくる。言い換えるなら、捜査が自白に頼ることによって、捜査そのもののあり方を歪めている。これでは捜査技術が洗練されていかない。自白があれば有罪が取れる、裁判所も納得する、じゃあ自白を取ればいいというところで終わってしまっている。だからこそ、動かない物的証拠をいかに集めるか、ということに専心しなければいけないと思うのです」

こうした取り調べが冤罪の要因になっている、と浜田は言う。

「取り調べの基本は、謝罪追及でも尋問でもなく、情報収集であると考えないといけない。諸外国では尋問という言い方ではなく、インタビューということばを選んでいます。被疑者に対するインタビューなのです。」

自白をしてしまうと、「支配―被支配」の関係におかれ、それ以降の否認がきわめて難しくなる。この関係のなかで自白調書がとられ、調書は、裁判のなかで強い効力を発揮する。このような取り調べのあり方を残したままでの裁判員裁判は、従来の検察主導の裁判に、どのように対峙できるのか。裁判員はどこまで自白調書のもつ〝危うさ〟を理解するのか。取り調べにたいする浜田の危惧は、今もって重要性を失っていない。

従来型刑事裁判の批判と司法のこれから

浜田を訪ねてから三カ月後の二〇一二年一二月六日、千葉大学大学院専門法務研究科に後藤弘子教授を訪ねた。大阪地裁判決の取材とともに、刑事司法の課題についてのレクチャーを受けるため研究室に足を運んだのだった。最初の問いは、今回の大阪地裁判決についてだった。わたしは、裁判員裁判であることの難しさが端的に表面化した判決ではなかったか、と尋ねた。すると後藤は、裁判員裁判になったからということ以前に、そもそもこれまでの司法には、基本的な問題があったと語り始めた（＊）。

「法廷では、三者三様の事実を語ることば、三様のリアリティが交錯します。裁判所（法曹三者）が刑罰を科すための、事実認定をめぐることばとリアリティ。そして被害者が、かくあって欲しいと願うことばとリアリティ。さらに被告人は被告人で、およそ異なるリアリティや事実のことばをもっています。

しかし最も優先されるのは裁判所（国家）のリアリティです。そもそも刑事裁判は、被害者個人の尊厳を回復する場ではなく、国家の名誉を回復する場です。そのことは裁判自体が、被害者にも、そして被告人にも傷を与えることになります。まずこの、裁判がくり返し当事者を傷つけることを何としても止めてほしいというのが、わたしの最初の言い分です」

こうした事情は女性というジェンダー問題や、「発達障害」問題にあっても同様で、被告本人のリアリティが顧みられることはない。彼らを裁く「国家のことば」が隠しもつ暴力性は、マイノリティ問題であればあるほど前面に出てくる。後藤によれば、ここで前提とされているのが近代を成り立たせてきた強い「個人」である。近代刑法が理念の根幹とする「責任」と「理性・知性」をもつ「自己」という存在である。それは責任主義のもととなる「個人」でもある。

ところが近年、刑事法学にあっても、人は「強い個人としての自己」として生きているよりも、「相互依存」というネットワークのなかで生きる存在であり、そのような自己というとらえ方を推し進めるとともに、刑事司法のあり方も変えていく必要はないか。こうした共通の見解が刑事法学のなかで出てきつつあるともいう。

「犯罪とは、ある者が社会に負わせた傷であり、その傷と損なわれた名誉は回復されなくてはならないわけです。このとき加害当事者個人が、刑事罰という形で帰責される〔責任を負わされる〕ことは、当然の措置です。しかし個人にのみ責任を帰すだけで、はたして社会の回復は、十分に果たされることになるのでしょうか。むしろ社会自らも自身の責任の一端を担う、傷の自己回復の一助となる。そのような視点を作っていくことが、これからの刑事司法にあっては必要なのではないでしょうか」

現在の刑事裁判に対する、基本的な疑義と受け止めてよろしいか、とわたしは尋ねた。

「そうです。何とかして刑事裁判が、『立ち直りのための支援』を担うことができないかと考えています。裁判官、検察官、弁護人という法律専門家という三者のせめぎ合いのなかで、これ以上、加害者に傷をつけないでほしい。立ち直りに役に立たないような公判のあり方は改めてほしい。そういう主張です。

色々な問題があるのですが、刑事裁判自体、強い個人、個人の責任、「個」というものが前提になっています。それから刑事司法全体で言えば、日本には刑罰しか選択肢がありません。はっきり言えば刑務所に行くか行かないか、という選択肢しかないのです。もっと早い段階で支援を行うという取り組みはできないのか」

後藤のこの発言には、第Ⅲ部で触れることになる「治療的司法」や「新しい情状弁護」の基本的な考え方が既に含まれている。

また「社会的受け皿がない」という一審判決については、次のように述べた。

「『社会の受け皿』はわたしたちが作っていかないといけないわけです。犯罪についての議論でいちばん欠けているのは、犯罪者をつくった責任が社会にはある、だから責任を分担するという視点です。分担の一つが『社会の受け皿』です。早期に障害やその他の問題に気付いて対応していれば、犯罪者にはならなかったという人は大勢いるはずで、そうした側面を無視してきたのです。犯罪予防に失敗したという責任を、多くの人が見ていないのです」

この後、後藤の話は刑務所の処遇の問題に及んだ。現在、受刑者を教育する力は不十分であり、アスペルガー症候群と診断された加害者を長期収容することには何の意味もない、もっとケアという観点に力を注がなくてはならない、という話題に移っていくが、紙数の都合でここでとどめよう。ここでの内容が、第Ⅲ部の、「治療的司法」「司法と福祉の協働的更生支援」、「新しい情状弁護」という主題としてもう一度前景化していくことになる。


（＊）後藤弘子へのインタビュー談話の全文は、「社会的弱者と刑事司法　後藤弘子氏に聞く」と題して、『飢餓陣営40』に掲載され、さらに加筆訂正を経て、『飢餓陣営せれくしょん1　木村敏と中井久夫』（二〇一四年・言視舎）に転載された。

第二章　加害男性の見ていた世界
——なぜこのような惨劇がおこったのか

被告男性の三〇代までの生活史

二〇一二年の大阪市平野区実姉刺殺事件は、発生直後、大きな報道となったわけではなかった。全国紙の記者によれば、公判の経過を報告した新聞記事はなかったという。判決までは注目されずにきた事件が、その〝差別性〟ゆえに大きな反響を引き起こすことになった。この章では、加害男性がどのように姉への〝逆恨み〟を募らせ、実行行為にいたったのか、控訴審の主任弁護人となる辻川圭乃弁護士の取材談話をまとめながら、その足跡を追いかけてみたい。

判決公判は、二〇一三年二月二六日、大阪高等裁判所にて開かれている。第一審の内容や、控訴審判決についての詳細は後の章で触れる。控訴審では四つほどの論点があった。なかでも地裁の判決と大きく異なる点が、被告男性の生活史的背景であるアスペルガー症候群という「障害」と、犯行経緯との関連をどう考えるかという点であった。

男性は二人の姉、両親との五人暮らしだったが、小学校五年より登校できなくなり、自室に引きこもる生活が始まった。いじめを受け、殴られて帰ってくる回数が増えていったのは三年生ころからだったという。三〇年も前のことだから、発達障害やアスペルガー症候群ということばなどなかった。友だちとうまくかかわることができない、というのが虐められる理由だった。

上の姉との最初の〝ボタンの掛け違い〟が生じるのが、中学校入学の際であった。

本人は、自分をいじめる人間のいない通学区域外の中学への進学を望み、引っ越しすることを願っていた。そうすると、また学校に通えるようになると考えた。しかしそれは実現しなかった。どんな事情があったかは明らかでないが、転校できなかったのは上の姉のせいだと恨みを抱え込んだ。男性が一四歳の時、上の姉は下の姉を連れて家を出たというから、この時点で、男性と姉たちとの関係は悪化していたことが推測される。

一七歳になったとき、両親とともに引っ越しをする。しかし間もなく、近所に姉たちが暮らしていることを男性は知る。このとき男性は両親に、遠くの場所で一人暮らしをしたい、自分を虐めていた人間と離れることができれば、引きこもりの生活から脱することができる、と懇願している。しかし、男性の真意が正しく伝わっていなかったのか、家を探したのは上の姉であり、探した家は姉たちの近所の文化住宅だった。

そこにいったんは入居する。しかし中学時代の後半から始まった男性の不安症状や聴覚過敏は進んでおり、近隣の音が耐えられない、機械の音が頻繁に聞こえてくるといった理由から、一日で戻ることになった。姉はわざとこんなうるさい家を、しかも自分のところから近い場所に選んだ、一人暮らしを邪魔しているのだと思うようになった。

二〇歳になった時には父親が他界する。そこから母親との二人暮らしになり、経済状況が悪化。

母親が働くようになった。しかし、とても足りるものではなかった。この頃から姉たちが、母親を通して生活保護の受給を奨めるようになったが、男性は、役所職員との面談を拒否し続けた。

さらに強迫神経症が顕著になった。物に触れることができない。触れた後には何時間もかけて手を洗わなくてはならない、不安がなくなるまで風呂に入り続ける、といった極度の接触恐怖・不潔恐怖に追いこまれた。こんなふうにして生きていかなくてはならない自分の人生に、もう将来はないという不安が募り、自殺念慮にも襲われるようになった。

このとき男性は、身の回りの整理を試みている。部屋には雑誌が山積みされていた。大量のビデオテープもあった。もう死ぬのだから自分の痕跡を残さないよう、これらを始末しなくてはならない。しかし外に捨てに出ることはできない。そこで男性が取った行動は、すべての物品を細かく千切り、トイレに流すことだった。数年かけて男性はこれを行った。この間も、姉たちからは生活保護のための手続きを奨められていたが、それを拒否し、男性と母親の生活費は姉たちが負担する生活が続いていた。

ともあれ、部屋はひとまず片付いた。次に、自殺の方法を具体的に考えなくてはならなかった。インターネットで検索をすれば、その方法を知ることができる。そう考えた男性は、母親を通じ、上の姉にパソコンの購入を依頼した。姉も豊かな生活をしていたわけではない。男性には、経済的負担を与えれば姉も困るだろうという魂胆があったという。姉が買い与えたのは中古のパソコンだった。むろん、姉に悪意などはなかった。

しかしここでも激しくすれ違った。極度の潔癖症だから、中古品に触れることはできない。しかもプロバイダーに接続しなければ、インターネットはできない。男性にはこの操作が分からなかった。接続しなければならないという知識をそもそももっておらず、壊れたパソコンをわざと買い与えたのだ、しかも触れることのできない中古品を買ったのだ。姉は、パソコンを使ってインターネット検索をすることを邪魔している。自殺させないようにしている。激しくそう思いこんだ。それから幾度か新品のパソコンを購入してくれるように依頼したが、姉が応じないことで、ますます恨みを強めていった。

これが、男性が三四歳から三六歳ころにかけてのことだったという。かつての行き違いも心に残していたし、恨みは膨らんでいたのだが、この時点ではまだ、姉に対するはっきりとした殺意をもっていたわけではなかった。特筆すべきは、二〇代のころから、男性が家族間で直接の会話ができなくなっていたことだった。筆談が主となり、会話を交わすにしても、壁越しに話す、襖越しに話す、そんな状況だった。家族のなかで、母親だけが辛うじて男性とつながっていた。

二〇一一（平成二三）年三月一一日、東日本大震災が発生する。この大惨事が、思いもよらないかたちで男性に衝撃を与えていた。震災のあと、津波によって街が破壊されていく映像がくり返し流された。一日一日と数を増していく死者・不明者数。自分はそれまで死にたいと考えて準備らしきことをしてきた。しかしまだ死ねずに、こうして生き延びている。被災地では、死にたくなかった人たちがたくさん死んでしまった。自分はこんなことをしているわけにはいかない、一刻も早く死ななくてはならない。震災は、そうした考えを男性に植え付けることになった。

これが被告男性の、三〇代まで生きていた世界だった。

犯行時の状況

四〇代に入ると、さらに強い自殺願望に襲われるようになった。震災から一カ月を経たころ、母親が足の血栓で入院をするという事態が起きた。そのことで母親は職を失い、収入が途絶えた。入院中のひと月ほどのあいだ、母親に代わって生活用品を届けるようになったのは、上の姉だった。

男性は震災で動揺し、母親の入院でさらに混乱していた。姉との衝突も頻繁になった。生活費の用立てくらいは自分でするようにという、姉からすれば当然の要求だったが、男性には簡単にできることではなかった。逆に、姉は自分を窮地に追いこもうとしているのだ、と恨みを募らせ、腹を立てた男性は、母親に暴力をふるってケガを負わせ施設へ入所させれば、その間は姉が自宅へやってくる。やってきた姉を刺し、自分も死のうと策をめぐらし始めた。

この間も姉は生活保護の受給を奨め、それを実現するために福祉センターへ相談に通い始めていた。福祉センターの職員には、精神科クリニックへの受診をすすめられた。しかし本人は頷かなかった。それどころか、ほんとうに母親へ暴力をふるい、怪我を負わせてしまった。母親は区役所の措置によって緊急保護となり、福祉センターは、男性を精神科クリニックに受診させることを決定した。男性はさらに追い込まれた。

二〇一一年七月一三日。生活用品を届けに来た姉は「食費やその他のお金を自分で出しなさい。買い物はするから」というメモを残して帰った。それを見たとき、姉には自分を助けるつもりはない、逆に報復してきた、と受け止め、「コップの水があふれるように、殺意が溢れてくるのを止めることができなかった」（一審の被告人質問での答え）という。

自分も死ぬ、しかし姉への恨みをこのまま残しておくことはできない。死ぬ前に姉の命を奪う。そう決心し、台所にあった包丁を自室へと持ち込み、犯行に備えた。姉が自分の家に来て、台所の奥にいるところを襲う、玄関から近い方の廊下を通って台所に行けば、姉の逃げ場を封じてしまえる、と殺害方法を考えた。


惨劇は、七月二五日に起きた。

「この間（一三日から二五日まで）、一〇日以上過ぎているが、一度も迷わなかったのか」、そう裁判官に尋ねられた被告男性は、「お姉さんが次にくるまでに時間があったので、迷いました」と答えた。しかし一度頭に浮かんだ考えは、もう消すことはできなかった。男性には、膨れ上がる衝動を止める力は残っていなかった。

二五日午後二時七分、姉が訪ねてきた。二時一五分には、姉が台所の奥へ移動した。気配をうかがっていた男性は包丁を隠し持ち、台所へ移っていった。気付いた姉が顔を上げたところで、男性は、姉の腹部へ包丁を突き刺した。そして胸部、さらに腹部へとくり返し突き立てた。姉はすでに出血が激しかったのだが、両手で防御しながら後ずさり、すきを見て玄関の方へ逃げようとした。捕まえようとした男性は転倒し、姉は玄関から外に出て行き、大声で周辺の人たちに助けを求めた。通報され、間もなく救急車が到着し、姉は病院へ搬送された。しかし七月三〇日午後六時、絶命した。

一方男性は姉が玄関を出たあと、自殺を試みている。インターネットにはアクセスできなかったので、うろ覚えではあったが、浴室を目張りし、薬品（洗剤）を混ぜ合わせて硫化水素ガスを発生させる、という方法をとった。しかし白い煙が少し出ただけで、まったく役に立たなかった。次に選んだのは、母親に買い置きをさせていたアルコールを大量に飲み、急性アルコール中毒になることだった。飲んでいるところを、男性は踏み込んできた警察官に捕縛された。

医療の対応、地域福祉との連携

取材を依頼した医師は、松本俊彦と高岡健（当時信州大学医学部准教授）。裁判員制度の導入以降、発達障害がどう裁判員に理解されるのか。それはどこまで可能なのか。それがわたしの知りたいことだった。松本は刑務所や少年院など刑事施設での治療や、裁判における鑑定経験をもっていた。高岡は、二〇〇一年の東京浅草事件（『自閉症裁判』）、二〇〇八年の、知的障害をもつ青年が五歳の女児の命を奪った千葉東金事件（『知的障害と裁き』）において、取材協力をお願いしてきた医師だった。

二〇一二年一一月一日、松本を国立精神・神経医療センターに訪ねた。高岡は同月の七日、岐阜で時間を作ってくれた。以下、ともに判決から間もない時期での談話である。

松本によれば、求刑以上の判決という事態は、裁判員制度の開始とともに危惧されていたという。

「発達障害の人にあっては、重い障害を抱えた人ほど、犯行の様式は眉をひそめるものになりがちです。グロテスクだったり、唐突だったり、不気味だったりして、情感のかけらも感じさせない犯行の様態になりやすい。診断名が付いたとしても、診断名についての偏見こそ高まれ、同情すべきものにはなりにくいし、ましてアスペルガー症候群などの発達障害、解離性障害、あるいは重篤なパーソナリティ障害もそうかもしれませんが、狭義の精神医学的治療によって、状態を激変させるというものでもない。そうするとますます裁判員のなかに、あるいは国民のなかに疑念が高まる。だから、求刑を超える判決が出てくることは、十分に起こり得るべき事態だと思っていました」

松本はさらに、裁判員制度になって以降、自身は公判段階の鑑定を控えている、とも述べた。鑑定のためには、膨大な資料作成が必要になる。裁判員はそのすべてに目を通すことはできないから、鑑定依頼者からは、A４版の用紙二枚程度でまとめてほしいという要請を受ける。しかも公判になると、鑑定医は証人として立たなければならない。鑑定そのものを簡略化することはできないし、裁判では膨大な情報を必要とする。

加えて精神医学にはまったくの素人である裁判員に、統合失調症とはどんな疾患か、発達障害とは何かといった初歩的な知識について、分かりやすくプレゼンテーションをしなくてはならない。その準備にも労力を要する。多忙ななかで請け負うには負担が大きすぎるし、裁判員を説得するためには、どうしても「演出」といった要素を考慮せざるを得ない。裁判員裁判以降の精神鑑定がどう変化したか。松本の見立ては、決してよい方向には変わっていないだろう、というものだった。

聞きたいことはもう一つあった。松本は、薬物依存からの回復にあっては、刑事施設ではその機能を果たしえないと感じてきたという。この、矯正施設における治療的取り組みも、わたしが求めていた情報の一つだった。松本はつぎのように語った（くりかえすが二〇一二年段階での談話である）。

「すでに海外では、司法的な対応よりも治療的な対応の方が再犯率は低くなる、というエビデンスがあります。これは薬物依存だけではないと思います。受刑期間が長くなればなるほど、さまざまな生活機能が失われ、地域のサポーターも減ってしまう。これまでの支援者との関係は断たれる。出所したときには、まったくゼロから作っていかなくてはならない。これは、回復にはとても難しいことで、結局、再犯のリスクを高めてしまいます。社会の安全をほんとうに考えるのであれば、地域司法福祉といったような施策が重要になってくるだろう。そう感じていたときに、逆行するように今回の判決が出てきたのです」

刑事施設での処遇が長くなればなるほど、社会的回復を困難にさせる。松本のこの意見は、やがて「治療的司法」の取り組みを本格化させていく弁護人にとっても、理論的バックボーンの一つとなっていく。

刑事施設での取り組み

刑事施設での取り組みについて、差し支えない範囲でもう少し具体的に話していただけないか、と重ねて問いかけると、次のように答えた。

「少年に関しては、一部の少年院ではありますけれども、法務教官の方たちが法務省外部の専門家と連携し、工夫をしながら施設の中でできることをやっている、という例はあります。問題は成人になってしまった、あるいは未成年だけれども刑事裁判の対象になり、少年刑務所に入ってしまった、その場合はどうかということです。

ここ数年の法務省の取り組みとしては、性犯罪に関してはいくつかの大きな指針がありました。薬物事犯に関しても、さまざまな取り組みが進行中です。限られたマンパワーと予算のなかでよく頑張っていると思いますが、ただ、そのプログラムの対象となるのが、合併精神障害がなく、できれば初犯で、という条件付きになってしまって、精神障害や身体疾患を抱えている少年やIQの低い少年は、除外の対象となってしまいます」

（松本は『薬物依存症』で最新の研究の成果をしめしており、この点についてはプロローグで触れておいたし、第一二章でも触れることになる）。

一方、発達障害関係の受刑者への対応はどうなのだろうか。

「発達障害については、成人の刑事施設で何らかの取り組みをしているという話を、ぼくの範囲では聞いたことがないですね。こちらの勉強不足で、じつはやっているのかもしれないですが。時々耳にするのは、発達障害など何らかの精神医学的問題があり、刑務作業に適応できず、他の受刑者とトラブルばかり起こしていると、独居で処遇せざるを得なくなり、作業に出ることができなくなるというケースです。

独居房で単純作業をする程度の活動を長くしているうちに、コミュニケーション能力はますます低下していきます。そのような状況で何年かを塀のなかで過ごした後に、出所してくるわけです。こうした例がすべてではないでしょうが、問題を多くもつ人ほど満期出所になり、保護観察も付かず、地域の支援に結び付きにくくなる。発達障害の場合、成人になってからではさまざまな面で支援の対象から外されてしまうことが多い。難しいところですね」

大きな変化がすぐには望めないとすれば、さしあたってできることは何だろうか。

「もちろん服役中の療育とか、いろいろなスキルのトレーニングはあってもいいと思います。ただ、○○療法という以前にもっと重要なことは、出所する前に本人を交えて地域の支援者とディスカッションをしたり、『ケア会議』というか、いわばカンファレンスを開いたりすることです。出所する前に地域につなげてしまうわけです。

そして出た後に路頭に迷わないようにする。刑務所に地域で支援する予定の人たち、あるいは支援することに同意してくれた人たちが入りこんでいって、いろいろな関係を作り上げ、やれることをやっておく。そういう仕組みが必要だろうと思います」

まったく言われる通りだと思った。

「発達障害」と外傷体験

さらにはつぎのような問題があった。冒頭で書いたように、支援の現場からすれば、ときに対応のきわめて困難な人の「受け皿」とならなくてはならない。そのような支援者へアドバイスするとすれば、どんなものになるのだろうか。そうわたしは尋ねた。

「トラブルを起こしやすくて一番援助しにくい人は、むしろ『困っている人』なんだと考えることが大事だと思います。これまでの生活歴で、周囲といろいろな軋轢を起こしたそのトラブルが、本人にとって外傷体験になっていることが多々あるのです。トラウマを抱えている人たちの反応は、変なときに挑戦的に出てきたり、助けを求めるべき状況のときに、わざと反対の言動をしてみたりしますね。

でも傷を負った人たちです。深刻な人は、自分が傷を負っていることすら認めない。外傷的な体験は生育歴のなかで受けることもあるし、援助のなかでも受けるし、医療のなかで医原性として受けることも多々あります。こうしたことに我々医師も支援者も、もっと知識を持つべきだろうと思いますね」

確かに、発達障害の子どもたちは外傷体験をもちやすい。しかも予想もつかないときに、予想もつかないかたちで抱え込んでいる。大人になってからも深い傷として残している。

「発達障害の人たちは外傷に会いやすいし、外傷に対する脆弱性をもっているのだろうと思います。発達障害が直ちに犯罪の危険因子になるとは思わないですが、外傷化した子どもたちについては、高くなる傾向がありますね。発達障害の人たちが重大犯罪をなしたとき、〝モンスター〟のごとく見なされて、国民感情は激しく燃えるけれども、彼らをそこまで〝モンスター〟にしてしまったのは、ひょっとしたら国民の方かもしれないという意識を、特にメンタルヘルスの支援関係者にはもってほしいし、裁判員になった人たちも、そのことを認識してくれるといいと思っているのですが」

ここは重要な指摘だった。ただし、と松本は続ける。それはメンタルヘルスに関しての国民的啓発の問題になり、長期的な話になる。だから、精神障害を疑われる事案に関しては裁判員裁判からいったん外すことも、短期的にはあっていいのではないか、と述べる。しかしまた、ここにも難しさがあった。

「精神障害と診断すべきかどうかの、境目がはっきりしないことが悩ましいのです。とくに公判になってしまうケースは難しいし、どこまできれいに仕分けられるか分からない。社会を騒がす犯罪になるほど、そもそも精神障害なのかどうかということ自体が不分明なところもある。もう一つ厄介な点は、では医療観察法での対応か、という話になるわけですが、医療観察法はそれ自体が独自の基準をもっていて、発達障害単独だとその判断基準を満たさないケースが出る。そうすると何の支援もなく、入院対応もなされず、宙に浮いてしまう。そうなった場合、結局引き受けるのは地域ですね。これも悩ましい問題です」

ここから再び地域と医療の連携の話になった。松本は、地域の支援者は医療に全てを請け負ってもらおうとは期待していない、せめて手詰まりになっている期間だけでもバックアップしてほしい、そう考えているだろうことはよく理解できるという。そして次のように付け加えた。

「発達障害だけではなく、薬物関係でもよくあることなのですが、NPOなどの民間の団体をサポートする医療に報酬がつくような仕組みを作ってもらえれば、医師はもう少しスムーズにサポートできるようになるのではないでしょうか」

なるほど、これならばすぐにでもできることだった。

臨場感にあふれながらも、事の本質がどこにあるかをしっかりと押さえた論議を伺うことができた。

法的手続きの流れ

ここで、精神障害を疑われる人が、殺人や放火などの重大な他害行為をなしたとき、どのように法の手続きに乗せられていくか、その流れを簡単に見ておきたい。

検察官の申し立てを受けた地方裁判所は、裁判官と精神科医（精神保健審判員）の合議による審判を開き、医療の要不要、入院か通院かなど、その内容を決定しなくてはならない。ちなみにこの事件の取材時の「犯罪白書」（平成二三年版）によれば、平成二二年の「精神障害者等による一般刑法犯検挙人員（＊1）」は二八八二名（これは検挙人員総数の〇・九％）。そのうち「心身喪失」によって不起訴処分となったのは五二三名（これは同じく〇・三％となり、この数値は平成一三年度よりほぼ一定している）。

また検察官によって起訴されると刑事被告人となるが、「同年に通常第一審において心神喪失を理由に無罪とされた者は、2人であった」（同書）とあるように、日本の刑事法廷の有罪率九九・九パーセントという数が示す通り、精神障害をもっている人びとも、有罪判決を受けて入所受刑者となる。ともあれ、これら一連の流れのなかには難問が山積している。起訴前に検察官が不起訴処分とすることによって、司法と司法精神医学との間にダブルスタンダード（二重基準）が生じている。仮に不起訴処分となった場合、誤認逮捕、冤罪が疑われるケースにあっては、それを検証・反証する機会が失われる。これは妥当かどうかなど、多々論議がある。

判決に見る新自由主義的家族像

松本に続き、昨今の司法精神医学に対し、深い課題意識をもつ高岡健を岐阜に訪ねた（＊2）。高岡は「分断線」ということばを用いて今回の判決を批判した。

裁判員裁判は市民感覚を反映させるための導入である、と説明されてきた。逆に、それが悪い方向へ現われた判決だった。障害の「ある人／ない人」という線が引かれ、向こう側にいる発達障害の人たち、こちら側にいる自分たち、という明瞭な「社会的分断線」が法廷にもちこまれた。この考えの拡大された結果が、〝再犯のおそれによる長期間の拘留〟という、保安処分につながる判断となった。裁判所は、この理由として「社会的受け皿」のないこと、家族が引き受けを拒んでいることを挙げていたが、この点も今回の判決の大きな特徴であるとし、次のような見解を述べた。

「この判決の二カ月ほど前、大阪維新の会市議団が家庭教育支援条例案を提出しようとし、そのなかに、伝統的子育てで発達障害は予防・防止できる、とする一項がありました。この記述は不適切であると激しい批判を受け、謝罪とともに撤回するという事態となりましたが、今回の司法判決と、この維新の会の市議団の『家庭教育支援条例案』は、じつは関連しています」

意表を突かれる思いがあったが、思えば高岡らしい着眼だった。次のようにいう。

「あの条例案のポイントは、家族がしっかり機能すれば発達障害は予防できる、という記載にあります。わたしの理解では、逆に家族が支えることができなかったら、もはや社会に支えはないということになるのです。ともあれここでイメージされている家族像は、たくましい父親がいて、優しい母親がいて、愛情をたくさん受けた子どもがいる、という伝統的家族像です」

ところが、そんな家族はじつはこれまでどこにも存在したことがなかったといい、高岡は、次のように続ける。

「大阪の事件の母親は、離れて育てざるを得ないほど追い詰められていたわけですが、それまでどういう歴史をたどってきたかは、判決のなかでは明らかになっていません。なぜ、何の相談支援も受けなかったのか。『たくましい父親・やさしい母親』という役割を求められ、周囲への相談はその失敗を意味しますから、それができなかった。そして追いつめられ、離れざるを得なかった、という可能性があります。そこは重要なところで、解明される必要がある。ところが鑑定書は伏せられているし、判決要旨ではまったく触れられていません。わたしは判決の全文を見せてもらいましたが、大要はほとんど要旨と変わりませんでした。長さもそれほど変わりませんでした」

高岡が述べるように、養育が完璧になされる家族などあり得ない。おそらくはすべての家族が、程度の差こそあれ、何らかの苦闘や葛藤を抱えているはずである。まして現代家族の現状は、家族だけでその役割を完結させることはほとんど困難になっている。そして高岡が指摘する伝統的「家族観」は、自民党改憲案の基本的骨子（理念）でもあるというが、まさにプレ近代への逆志向を示すものだろう。

医療観察法と地域支援

次に地域支援における医療、福祉、司法との連携、医療観察法の課題について尋ねた。

「地域生活定着支援センターは、全国各地にできているとはいえ、これからどう展開するかは未知数です。軽微な犯罪をくり返し、何度も刑務所を行き来している人たちの受け皿という面が大きいでしょう。この点は十分に意義があるし、期待されるところです。数は少ないが、何らかの精神障害や病気をもっている人は、医療との連携が問題になってきます。精神障害の場合は医療観察法がありますが、そこで処遇した人が地域に戻ったとき、どういうサポート体制がつくれるか」

松本も述べていたように、医療観察法は、基本的には発達障害の診断だけでは対象とはならない。ただし、一部には次のようなケースがあるという。

「発達障害にプラスアルファの病気がある場合です。妄想状態でも、そう鬱状態でも、それらが加わって事件が引き起こされ、その改善が目標となる場合は医療観察法の対象となります。ただし、今後も大阪の裁判のように、受け皿論が出てくると、医療観察法のケースを拡大して、発達障害の人も対象とするように、という動きが出てくるのではないかと危惧されます。

発達障害の特徴は何年治療しても消えるわけではありませんから、医療観察法に乗せたあと、長期間にわたる入院・拘束という事態になりかねず、それでは一部で批判されているように、保安処分的な法律になってしまう。これは避けないといけません」

発達障害について、では刑事施設での処遇はどうかと言えば、高岡も松本同様、刑務所のなかでの医療的なサポートはなされていないのが現状だと述べる。

「それなら何らかのシステムを新しく作って、発達障害関連のプログラムを導入すればいい、という意見が出るかとも思います。ところが、刑務所で身に着けたスキルを他の場所で応用することは、発達障害の人たちには難しい。応用が難しい、というのが共通する特徴です。だから、地域でサポートを受けながら、そのチームに医師が入るというやり方が望ましいだろうと思います」

社会性の獲得が重大な課題となる人に、社会から隔絶した刑事施設内で行われる〝社会性獲得〟のためのプログラム。これはどこまで実効性をもつことができるのか。社会性の獲得は、社会のなかでこそ獲得が可能である。もう一つ尋ねたいことがあった。高岡は精神鑑定のあり方に対し、くり返し問題提起を行っている医師である。まず、裁判員裁判導入後の精神鑑定にどんな変化があったか、その現状を尋ねてみた。

「形式的な面では、検察の段階で、起訴前の本鑑定が増える傾向にあります。これは起訴していいか医療に回した方がいいか、早期に判断をするという点では意義があります。ただ公判になった場合は、公判を維持していくための材料として使われることがある。それから重複鑑定を避けるという建前が裁判所にはありますから、起訴前の本鑑定を一度やると、公判に入ってから本鑑定を依頼しなくなるのではないか、という危惧は以前から言われていました。

裁判員裁判が始まってから、精神鑑定に携わっている医師四人で座談会をやったことがあります（＊3）。そのとき二人は鑑定ゼロ。もう一人は一例。わたしも二例しかない。予想されていた通り、裁判所の鑑定依頼は減っているのではないか、という話になりました。最近は揺れ戻しがきて、裁判所の方も重複鑑定であっても依頼する、という方向に少しずつ戻ってきつつあるようですが」

さらに次のように述べた。裁判員裁判導入後の公判前整理手続きは、公判における争点の絞り込みと、提出する証拠の簡素化を図り、迅速に裁判を進めることを目的としているが、一部の弁護人からは、捜査当局が圧倒的に有利な立場に立つことになった、という危惧、批判が再三出されている。

「内容面から言いますと、これは裁判員裁判の前も後も同じなのですが、大部分の鑑定が責任能力の有無に終始しています。責任能力という、ある意味では特殊な概念を裁判員に理解してもらうことは可能なのか、という議論がずっとあります。可能だという人は、やさしく噛み砕いて行えばいいと言います」

裁判員裁判の始まる前に、厚生労働科学研究班が「刑事責任能力に関する精神鑑定書作成の手引」というレポートを提出した。それに基づいて最高検察庁が様式をつくり、これに従って鑑定を行ってほしいという要請を医師たちに出した。あくまでも起訴前の本鑑定を念頭においているものだが、公判前整理手続きの段階で、裁判所から頼まれる鑑定でもその様式が準用されている。

「この様式の特徴は、七項目が羅列され（＊4）、それを重視すべきとなっていることです。これには批判が二つあり、一つはこの様式を機械的に用いると、『責任能力有り』のほうに出る傾向が高いというもの。もう一つは、こんな方法で鑑定をするのであれば、精神科医はいらない、だれでも鑑定できるという批判です。

厚生労働研究班も最初は〝推奨〟でしたが、〝参考〟とトーンダウンさせていった。ところが実際に始まってみると、この七項目に依拠したといわざるを得ない鑑定書が横行しました。とくに検察側はこのような鑑定を求めてくる傾向があったのです。さすがに、これはまずいことが起こっているとなりましたが、最近はこだわり過ぎるのはよくない、という方向に裁判所はもちろん、検察でさえも戻ってきています」

さらに高岡はもう一つの問題を指摘した。

「問題は、証拠が完全に固まっていない段階での鑑定になることです。起訴前はとくにそうで、この証拠は、本当に証拠として扱われるのかどうかが明らかでない段階で、鑑定をしなければならない。公判が始まった後でも完全に正しい証拠かどうかは、100%は分からない、だから前と同じではないかと言われればそうですが、起訴前の場合はより大きなバイアスがかかる危惧があります」

高岡には精神鑑定に関しての持論があった。精神鑑定のあり方の問題のなかでも、とくに「責任能力」という概念を自明のものとして、その論議だけに終始することへの違和感だった。法廷戦略として弁護人が精神鑑定を要求することは分からなくはないが、あまりに頻繁な鑑定請求は鑑定自体を形骸化させ、鑑定自体の社会的信用をなくしてしまうのではないか、という危惧だった。

さらに情状鑑定の軽視。この点について高岡は次のように述べた。

「日本では情状鑑定は重視されてこなかったのですが、本来なら、臨床をやっている医師が鑑定に携わり、責任能力以外の、事件にいたる背景、直接素因とは関係しないけれども被告を理解する上で重要な事柄を明らかにしていく。これを情状鑑定といいますが、そのウェイトを大きくしていくことが大事だろうと思います。市民感覚を反映させようという裁判員裁判ですが、自分が携わった感想を言えば、裁判員の方々は、情状鑑定の内容に惹かれていた、という手ごたえはありました」

この情状鑑定こそが、本書のテーマである情状弁護との両輪となるものである。

ここまで二人の医師の見解を紹介してきたが、「裁判員裁判と自閉症スペクトラム・発達障害」という問題の奥行きや難しさを、うまくお伝えすることができたろうか。医療と司法、福祉が、どんな接点を作っていくか、裁判員裁判の始まりとともに改めて重要な課題となっていることをよく感じさせる高岡への取材だった。

取材させていただいた方々の談話をふりかえってみて、改めて感じるが、岩佐、浜田、後藤が述べていた刑事裁判の在り方そのものへの疑義、松本、高岡が述べていた刑事施設の処遇の在り方への疑義、地域でのサポート体制の在り方。第Ⅲ部のテーマとなる「司法と福祉の協働的更生支援」を、すでに先取りする内容をその根幹の部分に含むものであった。

（＊1）認知件数、検挙件数、検挙率といった「犯罪白書」の数字や犯罪統計をどう「読む」かは、浜井浩一の『犯罪統計入門』（二〇〇六年・日本評論社）に詳しい。一般向けの著書としては、荻上チキと浜井の対談集『新・犯罪論　犯罪減少社会でこれからすべきこと』（二〇一五年・現代人文社）が秀逸であり、重要な指摘がいくつもなされている。

（＊2）高岡健『精神鑑定とは何か　責任能力論を超えて』（二〇一〇年・明石書店）に、高岡の問題意識は詳しい。

（＊3）「裁判員裁判下の刑事精神鑑定はどうあるべきか　時代の転換期と精神医療」出席者　中谷陽二・岡田幸之・中島直・高岡健（『精神医療』・二〇一二年、№66　所収）

（＊4）裁判員制度が開始されるにあたり、最高検察庁から鑑定書の参考例として、A案、B案の2案が出された。A案、B案、ともに七項目に、記載すべき内容がまとめられている。

第三章　男性は何を語ったか

――大阪に弁護団を訪ねて

刑務所とはどんなところか

前章では詳しく触れることができなかったのが、刑務所内処遇の問題であった。前述した後藤弘子は、被告男性を長期間、刑務所に収容する必要はどこまであるのか疑わしい、という文脈のなかで、発達障害を有する男性が刑務所で送ることになる生活について次のように語った。

法務省は二〇一六（平成二八）年に「再犯防止等の推進に関する法律（以下、再犯防止法）」を制定し、一二月より施行している。同時にさまざまな取り組みに着手している。改めて申し添えておけば、以下の取材談話はその四年前、二〇一二年当時のそこに到る以前のものである。後藤は言う。

「近年、色々な取り組みをしていますが、刑務所は基本的には刑の執行の場です。刑法に書いてあるように、一定の刑期の間、懲役作業を行わせることが中心です。〇七年に法律が変わって『個別処遇計画』が作られるようになったり、教育が義務化されたりしていますが、だからと言って、刑務所が依然として刑務作業を中心として運営されていることには変わりがありません。教育関係のスタッフの数を見ればわかります。数が少ないですし、多くは少年院での教育に携わっていた人たちです。三人や五人で、限られた時間で全受刑者の教育をどうやってやるのか」

二〇〇七年の六月から始まった大阪寝屋川事件の、第二回控訴審において、金子陽子川越少年刑務所首席矯正処遇官（当時）が検察側証人として法廷に立ち、刑務所内での処遇について証言した。冒頭、金子証人は「発達障害のある人の特性を考慮して処遇することは、少年刑務所（二六歳未満の男子受刑者を収容）のなかにおいても可能である」と明確に述べた。

〇七年の全受刑者数は一六八四名。うち少年受刑者は九名で、毎年一〇名から二〇名で推移しており、基本的な処遇計画は「少年受刑者の処遇要領」による。二〇歳に達するまでの期間が三年に満たない少年の受刑者にも、三年間は適用され、それ以降は通常の成人と同様の処遇になるという。処遇が可能な論拠として、法的な整備が果たされたことを金子証人は挙げた（＊1）。それに対しても後藤は、次のように疑義を述べる。

「少年刑務所である川越や奈良の場合でも、少年受刑者だけに特別なスタッフが配置されているのではなく、全受刑者にたいしての教育スタッフです。かつ川越は性犯者に教育プログラム実施しているわけです。そのための特別なスタッフは配置されていますが、教育のための教室が十分ではないなど、物理的な環境は必ずしも保証されていません。他の刑務所よりは少しはまし、というレベルです。

他の刑務所では、ほとんど教育は行われていませんね。教育的処遇日という日が月に二回ありますが、十分に機能していません。ビデオを見せて終わりです。グループワークをやっているところもありますが、その対象となる受刑者の数が圧倒的に少ない。刑務所に行ったとしても、更生には直接役に立たない懲役作業をしている。社会で生きていくための新しい技術が身に着くわけでもない。こういう現状を何とか変えることはできないか、と思うのです」

刑務所での処遇は再犯の防止にはつながらない、という指摘がいまだあるが、教育環境の整備は進んでいないのか、とわたしは尋ねた。

「本当に再犯を防止したいのであれば、出所させないことです。これはジョークですが。二〇一二年七月に公表された『犯罪対策閣僚会議』の数値目標があります。こんな数値目標を作ってどうするんだろうと思うのですが、会議では再犯を二〇%減らすことを目標とするとされています。三分の一の再犯者によって、六〇%の犯罪が行われていると言われますが『再犯』って何ですか、という話になる。なにをもって再犯というのか」

再犯や更生。当たり前のように流布していることばだが、立ち止まって考え始めると、その本質が雲に隠れていく。後藤は続けた。

「『犯罪対策閣僚会議』は、二〇〇二年に立ちあげられ、五年以内における再入率の平均値を基準とし、二〇二一（平成三三）年度まで二〇%以上減らすというのです。わたしが知るかぎりでは、戦後初めて犯罪防止の数値目標を掲げたことは評価できると思います。この数値目標を達成するために、では何をすればいいのか。刑務所から出さないことです。刑期を長くするとか、出所させさない。それが一番の再犯防止です」

「再犯防止」ということば（理念）の奥に分け入っていくと、街から離れた遠い所に「収容すること」、「社会から隔離して閉鎖空間を作ること」。つまりは見えない存在にし、「なかった（いなかった）ことにする」のが最大の再犯防止であり、社会の安全を維持する策である。そういう隠れた危うさが「再犯防止」ということばにはある。

後藤は、法務省矯正局は数多くのプログラムの実施を予定しているが、刑事施設や少年院のなかだけのプログラムでは、数値目標は達成されないだろうという。

「社会に戻った時の居場所と、仕事を確保する必要があります。それが大事なことです」

居場所と仕事。言い換えれば、他者や社会からの承認を得られるような活動と人。尽きるのはここである。基本的なポイントはシンプルなのだが、それを実行し維持するためには、安全と安心、人や場所への〝信頼〟が果たされなくてはならない。複雑で過酷な背景事情を抱える人ほど、安心と安全と信頼それ自体が高いハードルとなる。

「塀の中」のさまざまな事情

また元衆議院議員で作家の山本譲司は、次のように刑事施設の実状を述べた（＊2）。

「〔塀の中の人々は〕すぐに差別をされてしまう社会、生産能力がないとさげすまれる社会、頭が悪いと馬鹿にされる社会、そんな冷たく厳しい社会から、じつは守られていたのです。塀の中は、そんな人たちで溢れていました。社会での居場所を失った人たちが刑務所という場所に避難してきていた、と言ってもいいでしょう。いわば刑務所が福祉の代替施設になっていたのです」

しかしそうは言っても刑務所では、収容された受刑者は働かなくてはならない。刑務所の側からすれば、法律上、働かせなければならない。

「日本の刑務所はいまだに『懲役刑』をとっていて、働かせるだけの罰です。先進国では珍しいことで、他国は、もっと教育的刑や社会復帰を見すえた職業訓練が行われています。薬物依存の人は、しっかりと回復プログラムを受けなくてはならない。さらには軽微な罪の場合には、刑務所に収容する代わりに社会奉仕活動に取り組ませるなど、罰の受け方にいろいろなバリエーションがあります。

日本には禁固刑もあるのですが、懲役刑がほとんどで、六万人ほど受刑者がいて、禁固刑は三〇〇名に満たない数です。禁固刑用の処遇が用意されているわけではないですから、禁固刑の受刑者も、請願作業と称して朝から晩まで懲役作業をやるわけです」

山本によれば、刑事司法全体で、捜査機関や検察には年間四兆円以上の予算がつき、裁判所にも六千億円ほどの予算がつく。しかし刑務所内の処遇や社会復帰に関する予算は微々たるものだという。

「ですから、一挙手一投足を管理するような処遇しかできない。そうしないと多くの受刑者を管理することができないからです。一人の刑務官が一〇〇名ほどの受刑者の面倒を見ているのです。結局は立法機関が、刑務所の問題に対しては〝臭いものに蓋〟、という意識しかなく、ほとんど関心がないから、いつまで経っても予算が増えないのです」

しかし、事情は大きく動いてきたと山本は続ける（発言は二〇一三年のもの）。

「この六、七年で、ようやく法務省や厚生労働省も、刑務所のなかに障害のある人が大勢いる、他国にくらべて比較にならないほど多くの高齢者がいる、そういう現状に気づき、いろいろな政策を打ち出すようになりました。地域生活定着支援センターもそうですし、刑務所や更生保護施設にソーシャルワーカーを配置するという施策もそうです。その意味では、一〇年前に比べると、隔世の感がするほど、さまざまな面で動き出しています」

この試行錯誤が、「更生支援の新しい動き」につながっていくのだが、その点については後述しよう。次にわたしは一二年の大阪地裁判決について尋ねた。山本は、裁判員裁判ではやはり裁判員たちが障害のある人たちをモンスター視してしまうところが見受けられる、大阪地裁の例はその典型ではないかという。

「しかし、彼ら発達障害のある人たちにとって、刑務所生活とはどんなものなのでしょうか。犯罪者に対する厳罰化という流れのなかで、『障害者であろうと、罪を犯した者は罰を受けるべきだ。刑務所に行くべきだ』と言われもしますが、受刑経験者のわたしから言わせると、刑務所なんてぬるま湯ですよ。

一挙手一投足を管理される生活ですが、逆にいえば、すべて行動は刑務官たちにコントロールしてもらえばいいわけです。朝から晩まで怒鳴られはするものの、人間、一日怒られていれば、それに慣れて、怖くもなんともなくなります。朝から晩まで、『一、二、一、二』『右へ』『左へ』『止まれ』など、刑務官の号令にただ従っていればいい」

他の受刑者とコミュニケーションを取ることは厳禁である。刑務所内の治安維持のためであり、悪性感染（他の受刑囚との交流で、犯罪傾向がさらに強まること）を防ぐためである。しかしそれはまた、別の効果も生み出してしまう。

「あのなかにいれば、極端にいうと、一日中何も考えなくてもいいという人間になるんです。人とのコミュニケーションが苦手な人たちにとっては、こんないいところはない。ただし思考停止状態が長くつづけば、当然のごとく社会性がなくなっていきます。そうなると社会復帰が難しくなり、もう刑務所を終のすみかにせざるを得なくなる。

このへんを冷静に考えて、判断しなくてはならないと思います。『罰』と称して長期収容しておくのか、福祉で支えた方がいいのか。その結論はおのずと出ているのではないでしょうか。福祉にも変わってもらう必要がありますが、その福祉の支援によってソーシャルスキルを身につけてもらったほうが、よほど再犯防止になるでしょう」

のちの司法と福祉の協働による「更生支援」は、おおむね後藤、松本、山本の各氏が述べた方向に沿って進んでいった。

一審の弁護人は被疑者をどうとらえたか

ちょっとした導入のつもりで書き始めた〝刑務所事情〟が、思いのほか長くなった。書き留めておかなくてはならないことはたくさんあるのだが、大阪市平野区の事件のほうに戻ろう。第一審での弁護を担当した山根睦弘弁護士への取材が適ったのは、すでに控訴審の判決が出された後、二〇一三年六月一八日だった。

伺いたいことはいくつもあった。第一審がどのような状況だったか、どんな雰囲気のなかで進んでいったのか。被告人と裁判員との間でどのようなやり取りが行われたか。何を争点として争われたのか。それらを知ることが最大の目的だった。

裁判を終えたあと、これほど反響が出ることは予想されたことだったか、とわたしは尋ねた。まったく想像していないことだった、と山根は答えた。そして次のように言った。

「この事件に対してどれくらいの刑が相当なのかということは、あまり明確に意識はしなかったのですが、求刑を超えた判決を聞いた時点では、とんでもない判決だと感じました。あり得ないといいますか、聞いた瞬間に、え、何で、という感じでした。その後すぐに新聞記者からの問い合わせなど反響がありましたから、そういう声は出てくるだろうなと思いました」

山根は国選弁護人として、この事件を担当することになった。被疑者（担当時はまだ裁判は始まっていない）に障害があることは知らされていなかったし、そもそも、本人にも家族にもその認識はなかった。ところが取り調べの途中で、検察が鑑定留置の申し立てをし、三カ月ほどかけて精神鑑定がなされた。そこで初めてアスペルガー症候群という診断が下されたのだった。

山根は、アスペルガーなどの発達障害をもつ被疑者の弁護は初めてだった。当初は、責任能力の有無について、あるいはその程度をめぐって争うべきか、しばらく検討したという。しかし山根の印象として、ごく普通に会話が成立する、事件の内容を被疑者なりに認識している、アスペルガー症候群で責任無能力が認定されたことは、これまでの判例では皆無である。すると障害を有するにもかかわらず、適切な治療や福祉支援から遠ざけられ、三〇年間孤立した生活を余儀なくされ続けてきたことなど、情状面の訴えをして、刑を軽くする方向で争った方がよい。そう判断したという。

弁護人として、何を、どう訴えていくか

山根はまた、裁判員裁判での弁護も今回が初めてだった。通常は弁護側からの求刑はなされないが、いくつか情報を得てみたところ、裁判員裁判では多くのケースで、弁護側も求刑を示している。

「法律上からいえば、殺人事件であっても執行猶予がつく可能性はあるわけです。弁護人として、そのような可能性があるのに、実刑を求刑することには躊躇がありました。しかしそうはいっても結果は重大ですので、仮に執行猶予を求めたとしても、重い形での主張にならざるを得ないだろう。そう考え、懲役三年、五年間の執行猶予、執行猶予中は保護観察期間とする、という執行猶予刑としての上限を主張しました」

この求刑が、〝量刑相場〟のなかでどのような評価になるかは、わたしの判断を超える。ただ、公判前に被疑者と話しているとき、被疑者に対して次のようなことを感じたともいう。

「アスペルガー症候群の影響で、ピントがずれたような話になるとか、普通の人だったらそういう返答は返ってこないだろう、といったような特徴は、裁判に入る前からありました。しかしそういうことは、アスペルガーの人に限らず、刑事事件の被告人には少なからず見られることです。どこまでも自分の理屈を押し通そうとしたり、自己保身や自己弁護に終始したり、そういう返答を固持する被疑者・被告人は少なくないので、今回の被疑者とやりとりを続け、他の被告人と比較するなかで、何を言っているかさっぱり分からない、理解できない、という印象はほとんどなかったのです」

刑事弁護人としてのこの〝経験知〟は、シロウトなりに理解できるものだ。山根はさらに、次の

ようなことも述べた。

「鑑定書を見ると、発達障害というのは、ある物事に対して非常に執着をする特徴をもつ。とくに彼はそれが強い。しかも長年にわたってお姉さんに対する恨みを抱き、それが強まっていった。そのことが、動機になったわけです」

そして次のように考えた。

「障害のない人でも、親や兄弟姉妹に腹を立てたり恨んだりする、という感情は出てくる。しかし一時的なものであったり、ある年齢になれば変わっていったりするものが、被疑者の場合はエスカレートしていった。お姉さんとの関係では、彼のなかでは、ほんとうにいろいろな出来事や思いがあったようです」

さらに、捜査段階での、まだ発達障害であることが分からないなかでのやりとりから、被疑者からお姉さんの命を奪った動機を聞かされたとき、たしかに独りよがりで普通とは異なる理屈を言っている、通常であればそんなに強い恨みになる出来事ではない、お姉さんに向かっていくはずのない類のすべてが、お姉さんに向かっている、そんな印象を強くもったという。

「発達障害を横において考えたとしても、被疑者のように社会から孤立した状態に長く置かれた場合、それは起こりうる心理なのではないか。自分の苦しさの理由をいろいろなことに求めていくうちに、すべてが自分の身近な人間（本件の被疑者にとってはお姉さんですね）に向かうようになる。こういう心理状態は、普通の人でも置かれた状況によってはありうることなのではないか。そう考えたのです」

そして続けた。

「裁判員裁判になることは最初から分かっていましたから、裁判員のなかには、その話を聞いたとき、そういう心理になってしまうことは起こりうることだ、他人に責任を転嫁し、理不尽ではあるけれども恨みを募らせていく、そういうことはまったくないわけではない。そう思って被疑者の置かれていた状況や心理を理解してくれる裁判員が、ひょっとしたらいるのではないか。そのことを訴えていこう。面会を始めて最初のころ、そんな話を被疑者としたことがあったのです」

それから山根は、男性が鑑定を受けるまでの三〇年間、引きこもり続け、治療も福祉の対応もほとんど採られていなかったという事実の重大さについて述べた。

「被疑者は、家族以外の友人知人とのかかわりを、小学校の高学年のころから一切失ってしまいました。引越しのとき以外、外には一歩も出ていないと言っていたのです。こうした点も併せ、公判では情状面での訴えを中心に述べました」

被告はどんな応答をしたのか

公判が始まった。被告人質問の際、本人とは事前に打ち合わせをしていたので、弁護人からの質問に対しては、それなりの受け答えができた。具体的にどんなやり取りが行われたのだろう。被告男性はどのような応答をしたのだろう。

「裁判員の方が、直接被告人に質問をされることはありませんでした。鑑定をした精神科医の証人尋問も行われたのですが、そのときにも、裁判員の方が直接質問をされることはありませんでした」

裁判員から一つも質問が出ていない、というこの答えは、少なからずわたしを驚かせた。そこにどんな事情が推測できるか、個人的な見解で結構なので聞かせてほしいと問いかけてみた。

「おそらく事前に、裁判官が、裁判員の方にどういう質問をしたいのかを、取りまとめていたのではないかと思います。実際の裁判官の質問のなかには、裁判員にこういうことを聞いてくれと依頼された質問ではないか、というものが含まれていたような気がします。これはあくまでもわたしの推測ですが」

具体的にはどんな内容だったか、重ねて尋ねた。

「本人からは自殺をしたかった、という話が出ていたのですが、『自殺して命を失うことと、刑務所に行くのはどちらが嫌ですか』。裁判官はそう尋ねています。通常ならば、こういう質問はしないのです。そのときの答えは、どちらが嫌かといえば、刑務所に行く方が嫌だというニュアンスでした。刑務所に入るのと命を失うのとではそんなに変わらない、とも述べていました」

さらには、次のようなやり取りもあった。

裁判官「あなたの今の最大の望みは何ですか」

被告「早く裁判が終わって、すべての義務から解放されることです」

裁判官「もし裁判が仮になかったとして、この瞬間、自由になったとしたら一番したいことはなんですか」

被告「仮定の話はしたくないです」

この応答を受け、山根は次のように述べた。

「このあたりのやり取りは、裁判員には印象が悪かったと思います。予備知識なしに聞けば、裁判官の質問に対して反抗的であるとか、質問に対して真面目に答えていないとか、求められている答えをしていない、というように聞こえるでしょうから。裁判官の質問は公判の最後に行われますので、その悪い印象が全体の印象として、ずっと残ってしまったのではないか。これもわたしの推測ですが」

さらに尋ねた。一審のときには、裁判に出ることや、そこで受け答えをしなくてはならない苦痛について、弁護人になにか相談はあったかどうか。あるいは裁判について、なにか話題になったことがあるかどうか。

「裁判に出ることそのものが、彼は嫌だったと思います。裁判の前に話しているとき、そういうニュアンスが彼の方から出されました。もう一つ、これはアスペルガーの方の特徴だと思いますが、義務や決まりに対して、従わないといけないという気持ちが強いようです。彼の認識では、裁判は義務であるから出ないといけない、訊かれたことには話さないといけない。そう考えていたようです」

そして山根は、もう一つ、次のようなやり取りがあったことを明かしてくれた。

裁判官「逮捕され、いま裁判という手続きを経ているわけだけれど、この裁判はどういう意味をもっていますか」

被告　「事件を起こした人間が受けるべき法律的なことです」
裁判官　「それは義務としてやっているということですか」
被告　「はい」
裁判官　「何か自分のなかで、何らかの意味のある機会だとか、そういうことはないですか」
被告　「特にはないです。淡々と受け入れるだけです」
裁判官　「先ほど、捕まってから色々な人と話をしたときに、あまり辛くなかったという話がありました。それが相手の立場だからだとか、自分もこうやって捕まっているという立場だからだとか、そういう自分や相手の立場を考えたから話ができたという話をしました。あなたのなかから義務、立場、こういったものを取り払った時に残るのはなんでしょう。正直、人の話を聞かされたり聞かれたり、自分のことを聞かれたりというのは……」
（そこまで尋ねたところで、途中で、被告人が答えを挟んだ）。
被告人　「苦痛です」

「裁判官は、もっと質問を続けたかったはずです」と山根はいう。たしかに発達障害をもつ人の特徴がよく現われた応答である。裁判中、こうした判決が出てくる兆候を感じることはなかったのか、とわたしは尋ねた。
「先ほども言ったように、裁判員からの質問がまったくなかったので、裁判員がどう感じたか、まるで分かりませんでした。印象だけで言えば、弁論を終えて裁判官や裁判員の顔を見たときに、淡々としているように見えました。あえてそういう表情をしているのかとも思いましたが、後になって考えれば、こちらの訴えていたことは伝わっていなかった、そういう表情だったのかもしれない。そう感じました」

第一審でのやり取りの様子が、わずかなりともお伝えすることができただろうか。裏表なく（ここでは必ずしも誉めことばではない）、尋ねられたことに感じたままのことを話していく。被告男性のそういう特性がよく出ている山根の談話だった。

知的障害をもつ人の刑事弁護

山根への取材と時期は前後するが、ここで、控訴審で主任弁護人となる辻川圭乃に登場していただきたいと思う。わたしが辻川に最初にお会いしたのは控訴審の前日であり、差し支えのない範囲でなら話せるから、ということで取材に応じていただいた。辻川がこの事件の弁護人となるにあたって、次のような経緯があった（前述した岩佐嘉彦の話と重なるところもあるが、そのまま記載する）。

大阪弁護士会では、二〇〇六年に知的障害者刑事弁護マニュアルを作ったが（＊3）、その際、一部で発達障害についても触れていた。それをもとに研修会を始め、さらに〇八年には刑事弁護プロジェクトチームを立ち上げ、研修を受けた弁護士の名簿作成を始めていた。障害をもつ人が被疑者になったさい、障害に理解のある弁護人を派遣できるようにするのが目的だった。

そして〇九年一一月には、障害者刑事弁護サポートセンターをつくった。障害のある人を弁護するとき、さまざまな困難にぶつかる。そもそも「障害がある」ということが分からないことが多い。気づくにはどうするか。医師や福祉とはどうつながるのか。鑑定請求をして、その後はどうするか。書式はどうなっているのか。こうした具体的なアドバイスをしたり情報提供をしたりする場所が、サポートセンターだった。

二〇一二年、大阪府では大阪社会福祉士会の協力のもと、弁護人単独での面会に不安があるときには、社会福祉士が同行接見をする、といった取り組みをしていた。また釈放後の就労場所とも連携をし、必要によっては起訴猶予や不起訴のさいの受け皿として、あるいは出所後の雇用場所として提供する、という取り組みも二〇一〇年から始めていた（これは本書のテーマである、「司法と福祉の協働的支援」である）。

二〇一一年三月に法務省の検討会議で、取り調べの可視化についての提言が出たさい、本格的に大阪でも派遣制度を導入しようということで、五月と一〇月の二度、裁判所や警察に行って要望し、二〇一一年一一月二三日から弁護士の派遣を始めていた。辻川は言う。

「今回の事件は、二〇一一年の七月に起きています。事件の時点では彼の障害は分かっていなかったので、派遣制度には乗らなかったのです。原審の弁護人は、サポートセンターの存在は知らなかったと言っていますが、複数選任制といって、被告に障害がある場合は国選でも弁護人をもう一人つけることが可能ですので、知ってくれていれば、原審の判決はもう少し何とかなったと思います。周知が足りなかった、というのがわたしたちの反省です」

一審判決の後、控訴審の国選弁護人として派遣されるにあたっては、高裁から法テラスに連絡が行く。被告人に障害がある場合、法テラスはサポートセンターに依頼を入れ、登録している弁護士を派遣するという仕組みになっている。そこで辻川が派遣されることになった。

「反省」をめぐってなされたやり取り

山根がすでに述べたように、今回の事件にあっては鑑定留置の後、そこで初めてアスペルガー症候群という診断がついた。

「裁判員裁判なので、公判前手続きのなかで話し合いがされたと思うのですが、鑑定書自体は証拠採用されなかったのです。それで鑑定した医師が証人として出廷し、そこで鑑定に対する質問に答えています。パワーポイントを使い、一般的な発達障害について説明をしていただいたようですが、短時間のことであり、発達障害をまったく知らない人に理解してもらうというのは至難のわざです」

鑑定留置の時には発達障害だとは分かっていなかったから、鑑定をしたのは統合失調症が専門の医師だった。

「発達障害についてもご存じだったとは思いますが、専門医ではない先生が、発達障害についてまったく知識のない裁判員の方たちに説明するのは、無理があったと思うのです。裁判官も、裁判員に対して、発達障害とはどういうもので、どういう配慮が必要かということは、ほとんど教示していなかったと思います。被告人質問の記録の質問の仕方を読んでいると、そんなふうに思えるところがあります」

さらに辻川よれば、公判中、被告人の「反省」をめぐって次のようなやり取りがなされたという。

「一審の記録のなかで、『反省しています』ということを、被告人は言っているのです。反対尋問のなかで検察官に言われ、そう答え、とても申し訳ない気持ちだということと、自分の肉親以外の人間を傷つけるつもりはない、だから二度とこんなことをすることはない、ということを述べているのです」

ところが、「反省」をめぐる論議は、予期せぬ方向へ進んでいく。

「彼の場合、いわゆる〝空気を読んで答える〟よりも、訊かれたことに〝そのまま答える〟わけです。そこに大きな誤解が生じます。たとえば被告人質問の最後の方で、裁判官から『あなたは何のためにここにいるのですか』と訊かれ、『義務だからです』と答えています。正しい答えなのですが、裁判官はそんなことを聞いているのではありませんね。こうした誤解がいくつもあったと思います」

言っていることは正しい。しかし、場にふさわしくない。文脈がずれている。そのことで、むしろ反感を買う。発達障害の人たちのこうした特徴を、裁判官が適切に説明をしてくれるならば、裁判員たちに与える誤解は小さくて済むはずであった。しかし、そうはならなかった。

「もう一つ、長時間の被告人質問は耐え難い苦痛だったと思います。最初はそれでもがんばっていたようですが、最後の方になるとへとへとだったと思います」

二〇年間のほとんどを家のなかで過ごした被告人に、見知らぬ他人の前で話すことが難行苦行だったことは推測される。「何でここにいるのか」「義務だから」。場にそぐわないことばであるとともに、「義務」ということばで苦痛に耐えていた。さらに辻川は言う。

「裁判官が最後の最後に『もう一度聞きます』と、反省しているということばを引き出そうとして聞くのです。でも出てきません。すると『もう一回聞きます』と言って、さらに尋ねるのです。これは彼を混乱させたのだと思います」

辻川は、書面でしか見ていないので推測でしかないが、と断りながら、最後、被告人はかなり怒っていたのではないかと言う。へとへとになっているところに、何度も同じ質問をたたみかけられた。ついにこらえかね、怒り、投げやりになったのではないか。その様子を見た裁判員が、決定的に心証を損ねた。そんな推測をする。

「その前に鑑定医が証言していますが、刑務所に入れて更生できるかと訊かれ、医師は『発達障害の特徴から、それは無理だと思います』と答えています。そんな証言をしてくれているのですが、最後の被告人質問によってそれまでの印象がすべて抜け、けんか腰でものを言っている、反省をしていない、という心証がついたのだろうと思います。正しく障害を理解し、冷静に被告の話を聞いてくれていたら、結果は違ったものになっていただろうというのがわたしの推測です」

これが第一審での応答をめぐる状況だった（＊4）。


（＊1）詳細は、佐藤幹夫『一七歳の自閉症裁判』（岩波現代文庫・二〇一〇年七月）を参照。

（＊2）山本譲司「福祉の代替施設化する刑務所、刑事政策の課題」（『飢餓陣営せれくしょん1　木村敏と中井久夫』二〇一四年・言視舎、初出は『飢餓陣営39』・二〇一三年八月）に詳しい。

（＊3）辻川は、この一年前に『行列はできないけれど障害のある人にやさしい法律相談所』（Sプランニング）をまとめ、翌二〇〇五年には『実録刑事弁護　障害のある人を守る司法制度を作るために』（同）を刊行している。

（＊4）「自閉症スペクトラム障害と反省」という問題について、犯罪精神医学を学び、児童非行臨床に長年携わり、現在国立きぬ川学院医務課長を務める冨田拓は、『非行と犯行がおさえられない子どもたち』（二〇一七年・合同出版）中の、「発達障害をもつ非行児の贖罪」と題されたなかで、次のように書いている。

「〈自閉症スペクトラム症を有する非行少年の〉彼らも、多くの場合施設での働きかけのなかで自分の犯した事件について深い罪の意識をもつにいたります。自己表現が苦手な子の場合には、謝罪をなかなか文章にできず、思い浮かんだことばを書き並べるという作業を通して、その内心をやっと吐露できるということがありました。また、年余を経てなお、自殺を企図する例があることからも、彼らのもつ深い罪の意識をうかがい知ることができます」。しかしまた一方で、特徴的な思考パターンである「あれはあれ、これはこれ」現象が生じる。「彼らは自分がやったことは悪いことだということには気づけますが、その一方、『俺は悪い奴だ』という意識をもつことは難しい、という面があるように思います」。施設では、彼らの行為は非難するが、存在を否定するような働きかけはしない。事件が重大なものであればあるほど、存在の否定は立ち直りを困難にするからだ。施設も職員も「罪を憎んで人を憎まず」という姿勢をとることになり、結果、少年はその通りに受け取ってしまう。そして、前述のような現象が起こる、と冨田は報告している。

第四章　高裁判決と弁護団のふり返り

――刑事弁護と情状弁護

控訴審判決が示される

二〇一三年二月二六日、大阪高等裁判所にて、大阪市平野区実姉刺殺事件の判決公判が開延された。控訴審第一回目は二〇一三年一月二九日。二つの裁判ともに傍聴券は二五。寒空のなかではあったが、二倍近い傍聴希望者が並び、幸い傍聴券を入手し、入廷することができた。

午後一時、開廷。裁判長は控訴審の判決主文を読み上げた。

「1．主文　原判決を破棄する。被告人を懲役一四年に処する。原審における未決勾留日数中二一〇日をその刑に算入する」

そして少し沈黙があったあと、顔を上げることのないまま「その理由をこれから述べます」と言い、やや早口に判決理由を読み上げていった。

控訴審の弁護団は辻川圭乃を主任弁護人とし、一審から引き継いでいた山根睦弘と二名で担当していた。弁護団は控訴理由として、「法令適用の誤り」「訴訟手続きの法令違反」「事実誤認」「量刑不当」の四点を主張していたのだが、これに答える形で、判決理由は述べられていた。端的に言ってしまえば、「量刑不当」では弁護団の主張を受け入れ、法の運用や手続きなどの批判については、これを退けるという結果だった。いわば、〝実〟は弁護団に与えつつ、地裁の顔は立てるという内容だった。

新聞報道が触れなかったこと

ところで、控訴審の二回とも被告人は出廷していない。被告人不在のまま控訴理由が述べられ、判決が言い渡された。わたしは傍聴にあたって、被告人自身の口から、事件にいたる経緯について何か語られるのではないかと期待していた。それが傍聴の最大の目的だった。しかし、残念ながら果たされることはなかった。

もちろん、刑事訴訟法二七八条に「(不出頭と診断書の提出) 公判期日に召喚を受けた者が病気その他の事由によって出頭することができないときは、裁判所の規則の定めるところにより、医師の診断書その他の資料を提出しなければならない」とある。また同三九〇条「控訴審と被告人の出頭」には、「被告人は、公判期日に出頭することを要しない」との記載があり、出頭を命じるかどうかは裁判所の判断次第である、と書かれている。

ちなみに一回目の控訴審のさい、「出廷ができない、人前に出ることはできないと被告人から連絡があった」と弁護団が報告したとき、法廷内がざわついた。弁護人は控訴理由を告げる前に、「出廷を拒んでいるという点については、被告人のアスペルガー障害によるものであり、被告の不利になるような解釈はしないでほしい」と述べる場面が見られた。裁判長もうなずき、「分かっておりますから、大丈夫です」と返していた。

二回目控訴審の判決公判のさいに、裁判長が開廷を告げる前に「被告人は出廷できないという連絡が、先ほど拘置所からありました」と弁護団に告げたときは、傍聴人も、何事もなかったかのように受け入れていた。

控訴審での論議

弁護団が「控訴趣意書」のなかで主張していた次の点が、控訴審一回目の冒頭陳述となった。内容がやや専門的になるが、お付き合いいただきたい。まず、法令適用の誤り。

1、刑法の基本である責任主義に反するという批判。

原審の判決では、アスペルガーであることが再犯の恐れの要因と考えられている。しかし「障害」は被疑者個人の批難可能（責任）の範囲を超える。障害や社会的受け皿を理由に量刑が判断され、行為責任を超えて特別予防の観点から刑を重くするのは明らかに責任主義に反する。これは憲法一三条「個人の尊重と公共の福祉」違反である。

2、アスペルガー一般が社会的に危険であり、再犯可能性の要因のように考えられているが、これは誤っており、被告人は原審で「再び人を殺すことはない」と述べている。原審の「再犯の恐れ」という指摘は根拠を欠く保安処分的な判決である。

3、憲法一四条「法の下の平等」に反する。

社会に受け皿がないから一日でも長く刑務所に、という発想は、発達障害に対する偏見に基づく差別である。受け皿作りは家族だけが責任を負うのではなく、社会の責務である。

次は、訴訟手続きに関する違反を訴えた。

社会的受け皿については原審では論議されていない。本来ならば、公判前の争点整理の際に審議されるべき事柄である。反証の機会が与えられないまま、原審では真偽を超えた判断がなされおり、これは訴訟手続きに違反している。

三つ目は、責任能力の認定について事実誤認があること。

被告はいじめに遭ったのちに引きこもり生活となり、以後、強迫性障害や激しい被害念慮に襲われていた。話す相手は誰もおらず、一人だけ会話の可能だった母親とも引き離され、混乱と葛藤がさらに大きくなった。そして犯行当時は心神耗弱状態にあったが、それにもかかわらず完全責任能力を認めた原審判決は事実誤認である。

そして量刑不当を訴えた。

山根睦弘弁護人は、アスペルガー症候群の加害者による裁判事例を取り上げ、アスペルガー障害、発達障害は量刑を軽くする理由にはなっていても、重くした判決はほとんどない、この二〇年のなかで、本判決が異例中の異例である、そう強調した。

発達障害の特性である「反省の特異なあり方」に対して、過去の判例がどのような判断を示しているか、松山地裁や岡山地裁の例をとりあげた。これらが一審判決に対する控訴理由の概要だった。

益子千枝証人への質問

弁護団による冒頭陳述のあと、証人尋問があった。被告人に対して、福祉支援が具体的に始まっていることを示す証人として証言したのは、大阪府地域生活定着支援センター指導員（当時）の益子千枝だった。以下は、情状証人がどのような役割を果たすのか、その具体的事例となる。

この日の質問は、地域生活定着支援センターがどんな役割をしているか、という内容に時間が割かれていた。こちらは後述し、そのときになされていた被告人への支援に限ってお伝えしたい。最初は辻川弁護人による質問だった。

益子証人によれば、被告本人との面会は二〇一二年一〇月、一一月と二回行っている。面会の目的は、拘置所にいる間に被告人との人間関係を築くことと、出所後に受け入れるための環境調整をし、再犯を防ぐ支援をすることにある、と述べた。家族以外との会話がなかったという被告人だが、どうやってやり取りをしているのかと尋ねられると、口頭の会話よりも、視覚情報の方がコミュニケーションがとりやすいという被告人の特性を考慮し、手紙でのやり取りを重ねている、と答えた。

さらに出所後の支援として、精神科医の診断を受けて手帳を取得すること、グループホームやケアホームなどの自立支援施設を居住とした生活をし、定期的に受診しながらカウンセリングを受けてもらうこと。就労支援に関しては、働くことを目的とするところから始めるのではなく、日中の時間を過ごす場所を確保し、そこから一般就労の準備までどうつないでいくか、様子を見ながら検討していきたいこと、まずは居場所に通うことから始めることなどを考えている、被告人は支援を受けることに同意している、と述べた。

そして原審判決のような、長期にわたる刑務所での収容についてはどう考えるかと尋ねられ、益子は次のように答えた。

「経験的に言えば、刑事施設での生活は、社会生活のための訓練とはまったく異なるものだと考えます。刑事施設での生活に慣れてしまうと、社会生活への適応が難しくなり、その点が危惧されるところです」

そしてＮＰＯ法人や行政、地域相談が連携して支援していくことになるが、担当スタッフが変わっても誰かが引き継いでいき、連携して支援していくことに変わりはない、と述べたのだった（取材の際には「オール大阪での支援」という言い方をし、また帰住先を大阪以外の地域を希望することもあるから、他県の定着支援センターとも情報交換を図っている、とも話した）。

検察官による反対尋問は行われず、陪席裁判官からの質問となった。裁判官が、被告人の状況や社会的受け皿についてどう受けとめているのか、一問一答で示す。

裁判官　被告人に会った時の印象は、やはりアスペルガーだと思ったか。

証　人　そう思った。コミュニケーションに工夫がいると感じ、アンケート様式で質問をし、選択してもらう方法をとった。

裁判官　知的なレベルに関してはどう感じたか。

証　人　印象では、高いと感じた。

裁判官　どんなふうに支援をすると考えているか。

証　人　まず本人が納得するように、十分な説明をすることが必要だと思う。そして最初は人間関係をしっかりと作り、段階を踏んで社会性を体得し、一緒に作業を行いながら少しずつ就労へと結び付けていく、といった支援になるかと思う。

裁判長　これから長い期間にわたる刑務所での生活になるが、どんな変化が考えられるか。

証　人　一般的に言うと、拘束が長くなると、その分社会復帰のためのリハビリ期間も長くなるだろう。この時点では、それ以上決定的なことは言えない。

すでに書いたように、大阪は辻川の存在もあり、「障害をもつ人への刑事弁護」という取り組みにあって先進的に取り組んできた地域である。大阪地域生活定着支援センターのサポート体制の作り方について、辻川とも頻繁に会っていろいろと助言を得ているといい、証言からも取材からもそのことがよく理解された。

大阪高裁の控訴審判決

判決公判となる第二回目は二月二六日。大阪高裁の判決は、弁護人の控訴趣意を受ける形で示された。法令判断の誤りや事実誤認についての訴えはすべて退け、量刑不当の訴えは受け入れるというものだった。一つ目の法令適用の誤りについて、判決要旨は次のように述べる。ここのロジックはシロウトには分かりにくいものだが、筆者なりに以下のように解釈した。煩瑣な議論が続くが、ご容赦願いたい。

まず、量刑判断について。

「量刑判断は、被告人の犯罪行為にふさわしい刑事責任、つまり行為責任を明らかにすることにあるから、犯罪行為自体に関わる事情（犯情）によって量刑の大枠を決定し、次いで、その大枠のなかで犯情に属しない一般情状を考慮し、量刑の一般的傾向ないしいわゆる量刑相場等も参照しつつ、最終的な量刑を導き出すことになる」とする。

言い直せば、量刑判断は行為責任の枠内でなされるものであり、これが責任主義である、「この枠を踏み外せば責任主義に反するといわざるを得ない」が、原判決はその枠を踏み外しているとまでは言えない、というのが大阪高裁の判断であった。

そして法令適用の誤りの二つ目。

原判決の再犯可能性の説示部分は、「反省を深めさせることを長期間刑務所に収容する根拠としている」のであり、弁護人が言うように「社会的に危険であるから長期間刑務所に収容するのが相当である」という予防拘禁的判決とする理解は間違いである、したがって憲法違反には該当しない。

そういうロジックを採った。

次に訴訟手続きの違反という訴えに対する高裁の判断は次の通りだった。

社会的受け皿については、「原審が当事者に主張立証を促す措置を講じていないことは弁護人の主張する通りである。しかし上記の点は、特別予防〔被告人に特有の事情による予防措置〕の観点からの一般情状に関する事実であり、犯情を構成する事情ではない」、だから、原審判決に違法性を認めることはできない。

わたしには、これはまさに〝法廷文法〟そのもの、とも称すべき分かりにくいロジックだった。わたしなりに解釈すれば、一般情状に関する事実が、公判前整理手続きを経ずに犯情を構成し、量刑の理由とされるのであれば法令違反となり得るが、それには該当しないという理解でよいのだろうか。

次に責任能力の事実誤認の訴えについても退け、高裁は、原審の判断を支持した。

「すなわち、被告人は、計画的に犯行に及んでいる。また、本件犯行の動機・経緯については、了解が困難というわけではなく、被告人なりの一貫した考えに基づいており、現実からかけ離れた妄想などといったものとは質が異なっている。被告人は、人を殺すことは悪いということは認識していた」

そして犯行時、パニックにあったというが、その主張には「根拠はない」と退けた。

一方、量刑不当の訴えには次のように述べた。

「原判決が被告人の反省が十分ではないと評価したこと自体が誤っているとはいえない。しかし、被告人が十分に反省する態度を示すことができないことにはアスペルガー障害が影響していることが認められる。そのようななかで、十分とはいえないにしてもそれなりの反省を深めつつあるという評価も可能である。少なくとも再犯可能性を推認させるほどに被告人の反省が乏しい状況にあるとはいえない」

とした。そして以下。

「また、社会一般にも受け皿がないという趣旨の説示についても、是認できない。（略）被告人のように親族らが受け入れを拒否している場合であっても、各都道府県に設置された地域生活定着支援センターなどの公的機関等による一定の対応がなされており、およそ社会内でアスペルガー障害に対応できる受け皿がないなどとはいえない」

というように、社会的な取り組みにも一定の評価を与えた。

弁護団は控訴審判決をどう受け止めたか

控訴審の判決は、原判決と弁護団の控訴理由を比較しつつ、検討を加えているものである。ここでは前述した経緯や動機についてのみ触れることにしたいが、原判決が「アスペルガー障害の影響は重視すべきではない」と退けていることに対して、高裁は次のような批判を加えていた。

「被告人が被害者の行動を逆に嫌がらせであるなどと受け止め、これが集積して殺したいと恨むようになり、本件犯行にいたったという経緯や動機形成の過程には、意思疎通が困難で（略）、一度相手に敵意をもつにいたるとこれを修正することが困難であり、かえってこれにこだわってしまうといったアスペルガー症候群特有の障害が大きく影響していることが認められる。

そして、被告人は、生まれながらのアスペルガー障害について周囲に全く気付かれずに、適切な支援を受けられないまま、約三〇年もの長きにわたり引きこもりの生活を送ってきた。強迫障害や恐怖症不安障害などの二次的精神症状も発現していた。被告人が経済的に依存し、唯一ことばを交わすことができた母も足の血栓で働くことができなくなり、本件犯行当時、自殺を考えるまで追い詰められた状況にあった」

こう指摘し、この点は量刑判断にあたって、責任評価の上で考慮しなければならない事情である、とした。そして「原判決は、本件犯行の実体《ママ》を適切に把握せず、重要な量刑事情の評価を誤ったものと言わざるを得ない」と断じた。

控訴審判決後の記者会見で、「アスペルガー症候群の評価について、不十分か評価してよいか、どのように考えているか」と問われた辻川弁護人は「基本的には弁護団の主張が受け入れられたものであり、本判決はアスペルガー障害について、優位に斟酌・考慮されるべきものであると認定してくれている」と評価しつつも、次のように述べた。

「一審の判決は、責任主義に反し、保安処分的要素や、障害に対する差別的要素があり、偏見や誤解に基づく感情的な量刑理由であると映りました。裁判員裁判でなかったら、あのような量刑理由にはならなかったのではないかと思います。わたしたちが、裁判員裁判が始まるにあたって危惧したことは、障害のある人が被告人になったときに、このような感情的な厳罰化傾向になるのではないかということでした。一審は、その危惧が当たってしまった判決だったと感じていますす。ですから控訴審にあっては、その点について言及していただきたかったと思います」

そして辻川は、次のようにつけ加えた。

「また弁護団は、控訴理由のなかで、法令手続きの違反として、裁判員に対して正しい障害理解についての教示をすべきであったとも言っていますが、その点については触れていなかった点が不満です」。

控訴審終了時点では、被告人と相談して上告するかどうかを決めたいとしていた弁護団だったが、三月一二日に上告した。しかし上告は棄却された。

山根弁護人の振り返り

山根に、今回の裁判を振り返っていただいた。まず、被告人が発達障害を抱えていたというケースの弁護は初めてだったというが、その点から尋ねた。

「控訴審で辻川先生に入っていただいたことで、同じ刑事弁護でもより専門的な内容になったわけですが、そういう協力関係をいただかなくとも（もちろん高い専門性のある弁護はできないにしても）、我々も、もう少し掘り下げていかないといけないと感じました。予備知識なしで、今回のように被疑者がアスペルガー障害である、という特殊な刑事弁護に入ったとき、刑事弁護をある程度やっていたとしても、一般的な弁護士が専門性を要するケースに対して十分な対応ができるかというと、なかなか難しい所があると思います」

山根は率直にそのように語った。さらに次のようなことも述べた。

「この事件で、発達障害の問題がクローズアップされました。これまでも、辻川先生が中心になって弁護士会での研修、関係機関との協力や提携などをやっていただいているのですが、すべての弁護士がそういう動きに対応できているかといえば、まだまだこれからだと思います。今回の件では、最初からアスペルガーであることが分かっていれば、他の弁護士が派遣されたかもしれません。

精神鑑定までいって、初めて障害が分かるというケースはかなりあるでしょうし、分からないまま裁判が終わってしまうというケースもいっぱいあるかもしれない。そういう問題にこれからどうやって取り組んでいくのか。弁護士会も捜査側も、その点にこれからは配慮していくことになると思います」

次は、裁判員裁判について尋ねた。

個人的な一般論としていえばと断り、次のように述べた。民主国家において、国民の司法参加はないよりはあってしかるべきだと考える。人を刑務所に入れたり、場合によっては死刑にしたりする、刑の執行は他人事ではなく、国のシステムとして、何らかの形で裁判に参加する制度はあった方がいいと山根は言う。

「今回のような事態が生じたからと言って、裁判員裁判なり、司法の民主化という方向が間違っているとは考えたくはありません。むしろ、こういうケースでも適切に裁けるような裁判員裁判だったり、民主的な司法システムであったりする。そうなるべきだろうと思います。今の段階では、そこまではいっていないということですね。

この事件に関していえば、裁判員の方が無防備で判断するには極めて難しい事件であったと思います。弁護人にもそうでしたが、司法全体として、もっと情報提供なり教育なりするようなシステムが必要だった、ということは痛感しています」

前述しているが、裁判員制度の一番の問題は、強い守秘義務がかけられているため、事後の検証ができないことではないか。これが山根への次の問いだった。

「守秘義務の問題もありますが、司法判断に対してどこまで批判するのがいいのかという問題、司法の独立性の問題がありますね。今回、我々が控訴趣意書を書こうと思った時、『情報提供が十分ではなかったのではないか』『裁判所の方針はこうで、裁判の原則はこういうもので、責任主義はこういうもので、という説明が十分ではなかったのではないか』、そういう主張をしているのです」

しかし、それは評議内容が分からないので、空砲のようなものになってしまう。

「こういう議論がなされたのであれば、裁判官の判決はこういうことが考えられた、という議論の必要性が控訴審で出てくる場合もあると思うのですが、こちらは、そこはまったく分からないわけです。一応、控訴趣意書は書いていますが、裁判官が指導を怠ったのではないか、ということは立証のしようもないことです。そこはまったく開示されないのでたしかに難しいところはあります。だからどうしろ、全部出せばよいのか、というのも乱暴な話ですけれど」

さらに尋ねた。裁判員裁判でどういう議論がなされたのかが後々検証されないとなると、制度を改善していきたいという声が上がったときに、なぜ改善が必要なのかという具体的な裏付けが取れないということにならないか。

「そうですね。何らかの形でそのことが分かるようにした方がいいですね。司法の独立性や、守秘義務と衝突があるところなので、軽々とは言えないところではありますが。我々もいろいろな守秘義務を負っていますが、そこは議論していかざるを得ないところだろうと思いますね」

礼を述べて外に出ると、大阪の街は日が暮れかけていた。遠慮のない質問を重ねたが、山根は正面から答えてくれた。疲労はたまっていたが、不快なものではなかった。

辻川弁護士による振り返り

判決控訴審の二〇一三年二月一六日から三カ月後の五月二三日、辻川圭乃に東京弁護士会館で話を伺うことができた。控訴審についての感想を聞くことが目的だった。これまで書いてきたことと重複する内容もあるが、辻川は、控訴趣意を振り返りながら語り始めた。

「法令違反という点については、次のように考えています。障害があるという事実を重要視しないことは、刑法の大原則である責任主義に違反しているという批判になります。刑罰はあくまでも『やったこと』に対して課されなければならないのであって、その人の人格についてなされてはいけないのです。行為主義にも違反している。

だから『障害がある』ということは、長く拘禁する理由にはならない。障害があることによって不利益になるわけで、これは『法の下での平等』に違反している。責任が取れる範囲で課される『責任主義』、やったことに対して責任を取る『行為主義違反』と、『法の下の平等』という大原則が、原審の判決では違反している、法令違反であるということを主張したのです」

伺う限り、控訴審での主張はシンプルな論理構成になっていた。次は、「訴訟手続きの違反」についての内容だった。

「一つは、公判前整理手続きでも、『社会的受け皿があるか』という議論は全くされていないわけです。弁護側に『受け皿はある』という立証の機会を与えないまま、『受け皿はない』と事実認定をしたのです。これが一つ。

もう一つは、裁判員に対して憲法の大原則である責任主義、行為主義、平等（障害の理解）についての正しい情報を与えなかった。正しい情報が与えられないまま、裁判員は間違った情報で判決を下している。そういう問題提起であり、正しい手続きにのっとっていなかったという点で、法令違反だということですね。

『事実誤認』については、責任能力についての誤認です。少なくとも心神耗弱状態だった、と弁護人は言っていましたから、原審はこの点で事実誤認があった。それから量刑不当。これが控訴の理由です」

それに対して高裁はどういう判断を示したか。「法令違反」についての判断は、わたしには弁護団が指摘する批判は妥当するように思える。しかし高裁は「そうではない」と認定した。「量刑不当」については、「原審に誤った点がある」と判断している。事実誤認については、原審は「反省をしていない」と認定しているが、被告人なりに反省していることは認めてよいとしている。「受け皿がない」という認定に対しては間違いであるが、ただしこの「反省」と「受け皿」の二点は、犯罪の構成要件を基礎づけるための事実認定ではなく、量刑判断に関する事実認定であるから、「完全な事実誤認とまでは言えない」。それが大阪高裁の判断だった。

わたしが注目していたのは、大阪地域定着支援センターの益子の、情状証人としての証言を、高裁がどこまで採用したのかという点だった。ここが裁判所に認められなければ、〝司法と福祉の連携〟と言っても、絵に描いた餅になる。辻川は次のように述べた。

「今後も反省できない、という判断は間違いであり、判決後、地域生活定着支援センターのスタッフたちと交流を通じて更生への意欲も見られる。それから『受け皿がない』という一審の判断についても、社会的なものは十分に整備されているし、地域生活定着支援センターの益子証人が、今後、継続して支援していくことを述べている。従って、『受け皿がない』という認定は間違いであり、この二点は事実誤認である。誤った事実判断によって量刑判断がなされており、原審を破棄する。そういう理屈ですね」

大阪高裁の見解は、殺人という重大な事件にあっても、地域生活定着支援センターの支援を認めている。そういう判断が示された。小さな事件には先例がいくつかあったが、わたしの知る限りこれは初めてのケースだった。

次に辻川は、原審の判断を破棄したうえで、改めて量刑をどう考えるかという点について述べた。

「まず障害の影響は、量刑を重くするように働くべきではない、軽くなるよう働くべきものだということです。これが、量刑における責任主義という問題です。高裁の判断は、上中下でいえば上の下くらいという感じで、一四年という判決が出ました。障害を軽くする方向で配慮してくれたという点は歓迎するのです。しかし、原審の判決理由を読む限り、どう見ても、『彼』がやった行為ではなく、アスペルガーのために『今後何をするか分からない』とか、『限りなく長期にわたって刑務所に入れておくべきだ』と言っているとしか読めないのです。

ところが控訴審判決は、『原審はそう言っているのではない、内省を深めるために長く入れるべきだといっている』と言いますが、わたしたちには無理やりそう解釈している気がします。わずかな違いのように見えますが、ここが納得できない所です。法令違反ではないといっているんだけれど、理由が納得できないのです」

したがって最高裁への上告理由は、憲法原則に反しているということで書くことになるという。辻川は、一三条、一四条、三一条を示した。抜き出してみる。

「一三条　すべて国民は、個人として尊重される。生命、自由及び幸福追求に対する国民の権利については、公共の福祉に反しない限り、立法その他の国政の上で、最大の尊重を必要とする。

一四条　すべて国民は、法の下に平等であって、人種、信条、性別、社会的身分又は門地により、政治的、経済的又は社会的関係において、差別されない。

三一条　何人も、法律の定める手続によらなければ、その生命若しくは自由を奪はれ、又はその他の刑罰を科せられない。」

しかし前述したように、上告は棄却された。

再犯防止と処遇について

話題は再犯防止と処遇の問題に移った。刑務所処遇がどれだけ再犯防止に資するのか。

「再犯防止に関しては、まず被告の〝認知〟の問題があります。自分のやっていることが社会的にどういう意味をもっているのか。この障害の方には、その理解が難しいということが多いですね。社会で生きていく以上、ルールは守らなければいけない。そのことを本人に分かるよう、どう示すことができるか。誤った〝認知〟をどう質してもらえるか。その難しさがあります」

今の司法の仕組みは、法益を犯す行為をすれば反省させ、「二度としません」と言ってもらう。それが再犯防止につながると考えられている。ところが、「二度としません」の意味が本当に分かっていなければ、「ごめんなさい、もうやりません」と、いくらいっても再犯防止にはつながらない。そして辻川は次のように言った。

「結局、何回も犯罪をくりかえし、刑務所に行くことになる。しかし、いくらくり返し刑務所に入っても、根本のところが分かっていないから、同じです。そして、くり返すのは反省がないからだと見られてしまい、ますます不利益な立場に立っていく。でも、反省がないからくり返すのではないのですね。他の要因がある。そのあたりをもっと理解してもらえる仕組みを作っていかないといけない。そう考えています」

これが辻川の当時（二〇一三年）の取材談話だった。こうして整理していると、再犯防止や更生支援の具体策について先んじた認識をもっていたことを改めて感じる。しかも具体的な仕組みづくりの試行錯誤をすでに始めている。そのことを示す発言をもう少し拾い上げてみる。

「新しい仕組みについてですが、一つは環境的な問題があります。環境整備をすることが犯罪をくり返さない条件であれば、地域定着支援センターのような新たな仕組みを利用するのは、一つの方向です。それから問題行動の延長として起きてくる原因に、貧困や虐待のような生育的な条件があるとすれば、それらを事前に除去する生活条件を作る、虐待によって受けたＰＴＳＤなどのケアに当たる、といったことが再犯防止につながっていくという要素もあるでしょう。

それだけではなく、何もなくとも最初の段階から障害者支援として入っていく。支援がないまここまで来てしまった場合、いくら環境を整えても効果はないという事例もあります。そんな場合には、障害特性を考えた更生支援計画が必要なのだと思います。まだまったくないですから。たとえば性犯罪。最初はたわいのないまねごとから始まったとしても、刑務所に入り、そこで誤学習をする。悪性感染ですね。誤学習が高まって悪循環になり、性犯罪の常習者になる」

法務省がさまざまな施策を講じ始めていることは、すでに紹介したが、刑務所に入ることで正しい学習をし、更生して出てくるかというと、決してそうではない。

「障害特性を考慮しないでそのまま入れられたら、誤学習してしまいます。窃盗もそうで、入るたびにバージョンアップしていくのです。更生するどころか、筋金入りの窃盗犯になって出てくる。刑務所のなかで、障害特性に応じた処遇プログラムをやってもらえるのであればいいけれど、現実には出来ません。仕組みの問題をどうするのか。刑務所に入れるのがよいのかどうか、という問題が出てきますね。

知的障害をもつ人の場合、少年院教育のような別の仕組みが成人にも必要なのではないか。少年審判では、事前に調査官が多くの調査をして、そこから処遇内容を考えていきますね。たとえば、刑務所のかわりに社会福祉施設で処遇するとか、ダイバージョン〔通常の司法的処遇とは異なる非刑事的処遇〕のように別の発想もあるわけですが、そのためには法律を変えないといけないのですね」

辻川によれば、オーストラリアでは、司法の仕組み自体が違うという。事実認定をし、有罪か無罪かを決める。有罪であるということになったら、量刑や処遇を決めるのに、裁判官が「ジャスティスプラン〔更生支援計画書〕を作りなさい」、と命じるのだという。それを参考にして量刑判断をする。日本のような懲役のほかに社会内処遇があり、中間的な処罰があり、福祉施設に入って更生プログラムを受ける、社会奉仕をする、そういう判決が下されることもある。

「日本においても、障害のある人については、それが必要だと思います。ジャスティスプランを裁判のときに情状として出す。でもこれは、法的には何の裏付けもないのです。更生支援計画は、社会福祉士の方が個人で出したりしている。あちこちで紹介しているので、少しずつ浸透していますが、しっかりとしたものを作れる人はまだ少ないのですね。でもそんなに難しいことを求めているのではなく、通常の福祉の支援をやってもらえばいいんだと個別にお願いしています。社会福祉法人南高愛隣会はそれを組織としてやろうとしています。現行法でできることはやっているのですが、根本的に法律を変えて行かないといけないと思っています」

第五章　出所者を福祉につなぐ
――「地域生活定着支援センター」の現状と課題

地域生活定着支援センターの立ち上げ

前章で、辻川圭乃は現在の司法の在り方を変えていく必要がある、とくり返し述べた。「障害」に理解をもつ刑事弁護士の養成、刑事裁判のあり方や刑務所内処遇の再検討。そして裁判以前に、社会福祉士などの福祉スタッフが、弁護士と連携しながら支援に入ることなどの重要性を説いていた。二〇一三年のことである。まさに我が意を得たりだった。

この章では、益子千枝への取材談話を手掛かりとしながら「地域生活定着支援センター」を取り上げていくことになるが、それまで、少年審判以外では、「司法と福祉」という情報提供も連携も皆目なかった二つの領域にあって、両者を横断するような取り組みに着手した点は画期的であった。二〇〇三年に『獄窓記』を出版し、立ち上げのきっかけを作った一人である山本譲司は、ある講演で次のように話している（＊1）。

「当時、自分なんかがおこがましいと思いつつも、厚生労働省の障害者福祉の担当役人や、福祉関係者の人たちを訪ね歩いて、刑務所の実態について話して回ることにしたのです。そんななかで、厚労省の障害者福祉の担当者が口にしたことばが非常に印象に残っています。それは、『わたしたち福祉は、美しいことしかやってこなかったんじゃないでしょうか。その一方で、支援の必要がある主に軽度の知的障害者の人たちに対しては、見て見ぬ振りをしてきたんです』。そういうことばでした」

もちろん「罪を犯す障害者」の存在が、ここにきて降って湧いたように出現したわけではない。かねてより存在し、福祉関係者の頭を悩ませてきた問題だった。一部の志をもつ支援者の個人的な努力で、辛うじて社会につなぎ止められていた。しかし個人の努力だけでは追いつくはずもない。

山本は現状を打開しようと行動を開始する。

「今〔講演時─二〇一二年九月〕から六年前のことですが、わたしは、厚生労働省に働きかけ、『罪を犯した障害者の地域生活支援に関する研究』という研究班をつくってもらいました。わたしの思いとしては、『罪を犯した障害者』だけではなく、『罪を犯さざるを得なかった障害者』、それに『罪を犯したことにされてしまっている障害者』の、地域生活支援という気持ちでいるのです。ともあれその研究班の提言が、やがて『地域生活定着支援センター』の設立につながっていきます」

そんな山本が、地域生活定着支援センターの現状に対し苦言を呈することになる。それがどんなものかは、本章の最後にお伝えしよう。

大阪府地域生活定着支援センターを訪ねる

わたしが大阪府地域生活定着支援センター（以下、定着支援センター）の、益子千枝の元を訪ねたのは二〇一二年一二月一二日。平野区の事件の控訴審開始前だった。前章で書いているように、大阪定着支援センターと益子は、控訴審開始前より、平野区実姉刺殺事件の被告のサポートに入っていた。そして求められれば、情状証人として裁判での支援に当たろうとしていた。

益子は、支援に入る経緯について次のように話した。協力依頼が辻川弁護士からあり、それを受けて被告人と面会をした。本人の承諾を得たうえで個人情報を聞かせてもらい、最初の支援計画書を作成した。辻川から求められたのは、実刑はやむなしであるが、裁判資料とするための出所後の支援計画を書いてほしい、刑期をできるだけ短期間にするためだということだった。

益子による説明の後、最も疑問に感じていたことから尋ねた。三〇年間も引きこもっていたというが、なぜ支援が入らなかったのか。益子は答えた。

「そこはわたしたちも解らないのです。気にはなっているのですが、被告人とは、まずは目的志向・未来志向でいかないと限られた時間しかなくて、生育歴に関する話ができる状況ではなかった。拘置所では特別面会にしてもらったので、アクリル版越しではありますが、時間を一時間くらいもらいました。それでも必要なことをお聞きするのが精一杯でした」

益子は質問をあらかじめ文章化し、聞きたいことをアンケート形式で示したという。

「アンケートから選んでいただいた後、口頭で答えていただきました。さらにそれを文字化して示し、本人から確認を得るという手順を踏みました。意思疎通もいいですし、常識的な選択をしてくれます。判決には『反省していない』とありましたが、わたしから見れば、本人は反省もしているし、自暴自棄でも病的な思考でもなく、社会的に了解可能な判断をされていると感じます」

具体的にはどんなやり取りだったのか、差し支えない範囲で結構なので、と尋ねた。

「二〇一二年一〇月一六日が最初の面会でした。質問事項は六つ、それぞれ選択肢を用意し〇×で答えるようにしました。否定的なことには触れず、具体的で肯定的な提案となるような内容です。ねらいは、こちらの支援を受け入れてくれるかどうかの同意に関することです。出所後、本人がどんな生活を希望するかの確認。帰住先の希望場所はどこか。経済的に自活したいのかアルバイトか、それとも生活保護か。そういったことですね。

興味のあることや趣味は何か。苦手なことややりたくないことは何か。そんな質問もしました。本人にこだわりがあるかどうかを探る意味もあります。発達障害の方は、好きなことや嫌いなことを明確にもっていて、取り組む時の集中力が極端に違いますすね。それから体調や気持ちについてもお聞きしました。イライラするか。突然、悲しい気持ちになることはないか。眠れるか。刑務所に入所した後、精神科医療を利用するかもしれないので、お薬の処方がいるかどうかの参考にするための質問です」

精神科通院の可能性を更生支援計画に盛り込むかどうか、それを探る意味もあった。

「アンケートがうまく取れたので、精神保健手帳の申請と通院の話をし、その場で了解をしてもらいました。本人からの答えは、大阪以外の場所に住みたい、生活保護を利用したい、精神科にも必要があれば受診したいので精神保健福祉手帳を取得したい、というものでした。いま、どんな気持ちかと尋ねたのですが、申し訳ないと謝罪を口にするというより、今後同じことは絶対にしたくない、と気持ちを表現していましたね」

どう支援しようとしているか

個人的な考えで結構なのでと断りを入れ、少し踏み込んでみた。「第一審で、どうして『反省していない』という内容の判決になったと思われますか」。益子は答えた。

「障害特性だけにすごく影響されてしまった、と思うのです。口頭だけのやり取りだったり、本人にとって否定的な質問だったり、感情に訴えたり、それ自体は悪いことではないと思いますが、聴き方が曖昧だと本人は混乱すると思うのです。裁判は、白か黒かどちらか、というやり取りで進んでいきますね。本人の答えかたは、何かを伝えようとするとかえって回りくどくなるのですが、そういうことは、裁判では理解してもらえないですね。質問する方が障害についての理解がないこと、裁判の質問と答え自体が、この方には苦手だと思われること。その辺から考えると、裁判場面では『反省していない』と捉えられても、仕方がないかなとわたし個人は思っています」

次は、弁護団と福祉の連携の、具体的なあり方について知りたいと考えていた。もうすぐ控訴審が始まるが、弁護団とはどんな連絡を取り合っているのかとわたしは尋ねた。

「弁護についてこちらから要望していることは、とくにありません。執行猶予にはならないのですか、と訊いたら、それはなりません、と辻川先生ははっきり答えました。個人的には、実刑になるのであれば、ＰＦＩ〔官民協働の刑務所〕と呼ばれる社会復帰促進センターの特化ユニットに見合った刑期になればいいな、と思いました。そこで何年間か過ごしてもらえれば、LA（＊2）に入るよりはいいのでは、と先生には伝えています」

PFIと通常の刑務所とでは、処遇の在り方が異なる。益子はさらに続けた。

「社会復帰促進センターということにもしなれば、他府県の地域生活定着支援センターが関わる可能性が出てきます。全国定着支援センター協議会というものがあり、そこのメーリングリストで、大阪定着に協力してくださいという旨のメールを流しました。否という返信はなかったので、了解していただいたと理解しています」

益子はさらに、支援を継続するためのソーシャルワークの課題として、次のことを話してくれた。

「現在、住民票が大阪市＊＊区にあります。大阪市の発達障害者支援センターに協力を依頼し、将来的に障害判定の必要が生じたときに面談しなければなりませんが、そのときには刑務所のほうに出向いていただけないか、とお願いしたところ、所長さんに『協力します』という返事をいただきました。というのは、住民票記載地域に不在のまま五年以上が過ぎると、職権消除（＊3）されるかもしれず、それが心配なのです。消除されると復帰の手続きが大変になり、このことは辻川先生にも伝えています」

復帰できないままだと、「住所不定」扱いになる。こういう手続き関係もソーシャルワーカーの業務の一つ、「更生支援計画」の作成のためにも必要な業務であった。

「普通であれば、いま住んでいるところに住民票を置くのですが、刑務所にいる場合、その地域の自治体はなかなか置きたがらないのです。税金を払わない住民が増える、お金のかかる人が増えるという意識があるようで、そこにはなかなか置けません。

そうすると、療育手帳発行のアセスメントをするために、新たな住民票を置いてから申請すると、発行はどんなに急いでも二カ月先になります。療育手帳がなければ、出所直後の一番デリケートな時期にサービスが入らないことになってしまいます。住民票が残っていることは有り難いことなので、何とか住民票を残しておいてほしいのです」

「被告人について、どんなことでもよいので、実際に接見をして印象深いことは何でしたか」。そんな問いをしてみた。

「容姿がいい、端正な顔立ちです。一見、障害のある人には見えないです。拘置所で、自分でも記録をとっているといっていますが、小学校五年生から学校に行っていないとは思えない語彙力です。気遣いもできるし、社会性もある。自力でメディアから習得してきた力でしょうが、もともと能力の高い人だったのではないかと感じました。お姉さんは被害者になってしまいましたが、一縷の関係を作っていた家族も本人の力となっていたのだろうと思います」

大阪府地域生活定着支援センターの場合

方向を、大阪府地域生活定着支援センターについての質問に変えた。前述したように、インタビューは二〇一二年一二月。七年ほど前の取材であり、ずいぶんと変化もあるはずだが、当時のまま掲載する。大阪府地域生活支援センターの、初期段階の報告ということになる。

益子は、大阪地域生活定着支援センターの特徴は、「相談支援業務」の対応が全体の七、八割を占めることではないかと言う。

「大阪地域生活定着支援センターは、二〇一〇年七月から始まりました。刑務所を満期出所する方の特別調整も多いですが、相談支援の多さが、大阪定着の特徴ではないかと思います。背景が、大阪という大都市であること、自分〔益子〕がホームレス支援を専門とすること。そのことが相談につながりやすい。地域からの相談が入りやすいのですね」

相談内容は「刑務所に入りそう」「いま入っている」「もうすぐ出そう」「出てきた」というものが多いという。

「それから、何回か警察に保護されている方からの相談。知的障害者の相談支援事業所と、弁護士さんからのものが多いです。地域の相談支援事業所は入所施設とは違い、相談を受けると逃げられない。藁にもすがる思いで相談してくるのだと思います。でも、大阪定着は通過する場所ですし、権限もないわけです。メンバー総動員で、一緒に考えましょうというスタンスで対応します。こちらに触法の人に対する専門知識があるわけではありませんが、それなりのノウハウで付き合っているのが現状です。逆に、こちらが学ぶことが多いです」

定着支援センターが、出所者を受けたのはいいが、そこから先の受け皿を探すのが難しくなっている、という話はわたしのところにも伝わっていた。この点について尋ねた。

「大阪定着では一〇〇％どこかにつなげていますが、受け皿探しはほんとうに大変です。具体的には、依頼が来た時点で大まかに二分します。時間がない、急ぎだというケースでは、まず住民票が職権消除されている場合は、これまでの人脈で頼める所に依頼します。ホームレス支援のノウハウですね。障害・高齢のサービスのように介護保険や自立支援法は使えませんから、生活保護で一度まとめるというやり方が一つです。

もう一つは、調整期間の長い人や、刑務所が早い時期に伝えてくれる人。そして住民票が残っている人については、知的障害であればその住民票で療育手帳を取りましょう、と勧めます。療育手帳を取れば所在地域の障害者になるので、その地域の相談支援事業者、ケアマネさんにつなぐことができます。

わたしの知らない役所もありますが、オール大阪でやっていますから、障害福祉課や高齢課にとにかく電話を入れて、定着支援センターの事業でこういうルートで、こういう人とかかわったのだけれども、住民票はそちらにあるので相談に乗って欲しい、受け皿となる社会資源を紹介してほしい。そうやって依頼していく。この二つです」

そして益子は次のように言う。居住先を決めることや、経済的な問題、例えば生活資金を障害者年金にするか生活保護受給にするか、あるいは就労につなげるか。またケアマネジャーやワーカーなど、相談する人をだれに決めるか。これらは環境の整備である。ところが、社会で生きにくい人たちはさまざまな特性をもつことが多い。そこへのアプローチには決まった方法がないために、環境は整ったが、それでも連絡不明になる人、万引きに手を染めるなどの再犯をする人が出る。彼らへの支援をどうするか。

「これまでは環境を整え、福祉のサービスがきちんと入れば再犯はしない、という考え方が前提だったのですが、いくら環境を整えてもドロップアウトしてしまう人がいます。これまでかかわった人の約半分ほどが、事件を起こしたときに生活保護を受けていた人です。手帳をもっていたり作業所に通所していたりして、福祉の支援がまったく届いていなかった人ではないのです。プラスアルファを工夫しないと、再犯は防ぐのは難しい。そこへのアプローチが、これからの定着支援センターの課題だと思うのですね」

プラスアルファの工夫。私見を簡単に述べるが、結論めいたものの一つは、居住を確保し、さまざまな社会サービスを用意しても（ソーシャルマネジメント）、最後に残る課題がある。それは「関係の支援」であり、本人の周囲に、他者との関わり（互助関係）をどうつくるか、信頼できる他者をどれくらいつくれるか（ケアマネジメント）。おそらく、益子の指摘はここに関連してくる。第八章で再度触れたい。最後に次のような話題になった。

「定着支援センター全体で言うと、設置されて長い所は三年以上、新しい所は一年経っていません。地域性が違い、経験知が違い、受託組織もそれぞれ違います。社会福祉法人もあれば、社会福祉協議会、NPOなどさまざまです。得意分野も、知的障害者支援をやっていたところ、ホームレス支援、高齢者支援、と福祉というカテゴリーでも全然違います。さらに、都道府県に設置されている矯正施設の種類や数が違う。するとケースに偏りが出てきますね。それを全国同じ人数のスタッフで、同じ予算でやれというのは無理があるのです。これが定着全体の課題と思います」

ここで益子が指摘していた地域生活定着支援センターの課題は、解決の方途をうまく見いだせないまま以後も残り続けることになる。

益子千枝の持続する支援

本書の脱稿直前になって、益子がその後も刑務所に収監されている本人と手紙のやりとりを続けていることを伝えられた。簡単に紹介したい。

刑務所の雑居房で生活しながら、工場をいくつか変わり、受刑者としては落ち着いた日常を送っていることが手紙から読み取れる。障害に関しては、施設側から配慮なども特にされてはいないようであるが、生活しづらいという風ではない。そして益子は次のように伝えてよこした。

「手紙の内容、頻度などは非常に常識的で配慮に富んだ、知的レベルも高く感じられるものです。読書家であるご本人は、読後良かったという本のことや、刑務作業のない免業日に観た映画の感想、工場での出来事や気候の話題、時に風邪をひいたことなどを書き送ってくれていました」

二〇一九年の初夏になって初めて益子のもとに、「身元引受人になってもらうことはできないか」という主旨の手紙が届いた。益子は現在、所属先や働く自治体が大阪府ではなくなっている。大阪府地域生活定着支援センターの職員であったとしても、身元引き受けを行う事業ではなく、保護観察所からの依頼がない限り受刑者とのやりとり等を独自で行うことはできない。

「そういう事情がありながらも、手紙のやりとりを続けることができたのは、関西エリア・トラブルシューターネットワークのスタッフ、という立場を使うことができたからです。ここには辻川弁護士も所属しており、一緒に面会にも行かせてもらいました。刑務所の福祉専門官にもこのつながりについては話をしていますが、具体的な帰住の調整にはまだ時期が早いこと、わたしの立場では事業としても、個人としても、ご本人の出所後の生活環境調整を行うには無理があること。そのことは伝えました」

益子は今後、関西エリアのトラブルシューターとして、本人と一緒に刑務所やいくつかの自治体、そこで活動する支援機関、関連団体等に協力を呼びかけることになるだろうという。そして「その際は、どうか『よそ事』ではなく、社会の一員として『わが事』と耳を傾け、協働していただきたく思っています」と結んでいた。

東京都地域生活定着支援センターの現状

話しをもどしたい。大阪地域生活定着支援センターを訪ねる二日前の二〇一一年一一月一〇日、赤平守・東京都地域生活定着支援センター長（当時）を訪ねた。

大阪地裁が、アスペルガー障害の人たちには「社会的受け皿」がない、という判断を示したことについての意見を聞きたいこと。地域生活定着支援センターがどんな現状にあるか、レクチャーをお願いしたいこと、という依頼内容だった。「罪を犯す障害者」という領域において赤平は早くから取り組みを続けていて、拙著『自閉症裁判』に注目し、声をかけてくれた一人だった。

冒頭、赤平は言った。「社会的受け皿」と一言で言うが、その場所の特性が使う人（出所者）にとって適切かどうか、本人が新しい生活の場として受け入れるかどうか、そうした視点を大事にしてコーディネートしていると述べ、取材が始まった。

「受け皿とはいっても、大きな皿があって、そこに入れればいいという発想だと、適応できなくなる人がいます。その人の新しい生活の場となるかどうか。その見極めが、定着支援センターの難しさです。本人がこれまでどういう生き方をしてきたか。福祉に対してどういう考えをもってきたか。そうした背景事情によって、ずいぶん変わります。それまで福祉が関与せずにきた人たちが大半ですから、福祉に一番信頼感を持っていないのです。そういう人たちが対象となっているわけです」

さらに続けた。コーディネート先の種類や規模・内容には、全国的に地域差や特色がある。東京都の定着支援センターでは、二〇一一年の六月から実際の業務を開始し、これまで受託した人は九〇名ほど。年齢は一五歳から八五歳まで。東京には医療少年院があり、全国からメンタルの問題、家庭に戻ることができないなど、深刻な事情を抱えた少年たちが集まって来る。そのような彼らの帰住調整にはひときわ苦労を要する。あるいは次のような地域特性。

「東京には、関東医療少年院（＊4）の他、八王子医療刑務所、日本最大の府中刑務所などがあり、府中刑務所は全国に八カ所ある医療重点地域の一つになっています。当然、高齢という理由だけではなく、高齢＋精神障害、高齢＋知的障害、高齢＋認知症、高齢＋身体障害など、医療支援なく生きて行くことが難しい人たちが対象となります。三重、四重の困難をもった人たちの割合が非常に高いのが、東京の特徴でもあります」

そして困難は、「こういう福祉の受け皿がありますよ」と伝えても、「はい、分かりました」とすぐに応じてくれるわけではないことだという。

赤平は当時、府中刑務所で「社会福祉講話」という教育プログラムの時間枠を持っていて、「福祉っていったい何だ?」という講話をしていた。月二回、一回一時間、知的障害をもつ人、知的障害が疑われる人、一五、一六名が対象だったという。

「そこには、福祉サービスを受けるための療育手帳をもっている人はほとんどいません。府中刑務所には精神科医はじめ医師がいますから、そこで知的障害だと判断を受けた人がわたしの講話の対象です。ところが障害福祉は本当に遠い世界の話で、その彼らに、こんな『受け皿』がありますよと言っても、なかなか理解してくれるものではない。最初にこの話をいただいたとき、どんな話をすればよいか分からなかったのですが、受刑者は出入りが多いから、続きものの話はできない、毎回一話完結にしようということで、テーマをこちらで用意しました。ちなみに次回の話題は『いじめ』です」

これは受刑者からのリクエストだった。二週に一度の講話だからから、その間、世の中ではいろいろな動きがある。森光子さんが亡くなった。選挙が始まる。前置きとしてそんな話をしながら、どこまで社会の情報を得ているかを感じ取り、本題に入っていったという。

「生活保護をテーマにしたこともありますし、更生保護ということばを使って話したこともあります。そんなことばを初めて聞く人ばかりです。最近は有名人の格言を使って、これって何を言いたいんだろう、と道徳の時間みたいな話をしたら、結構乗ってくれました。そのなかで『自分にとって恥ってどんなことだったろう』という話をしました。

一方的な講話ではなく、やり取りをしながら進めて行くようにしているのですが、自分は人を裏切ってしまったことが恥だと思うとか、かなりまっとうな答えが返って来て、最後にある受刑者（受講者）の青年から『一番の恥はいじめじゃないか』という話題が出ました。じゃあ次回はいじめをテーマにしようということになったのです」

この時間が刑務所内でどう位置づけられているかは分からないが、これはいい〝矯正教育〟だと思えた。

「そうやって共通する話題を用いながら、福祉とは特別なものではない、社会で暮らしていくためにはどうすればいいか、そのことを伝える時間です。刑務所は基本的に自由のないところですが、わたしの時間では自由な論議をやっています。知的障害の人を集めてこういう時間を設けているのは、今、府中刑務所だけだと思いますね」

「社会的受け皿」に関する課題はもう一つあった。赤平は言う。

「問題は受け皿が見つかっても、そこから、生活をフォローアップしなければならないことです。こちらの方が時間がかかります。期限が決められていないわけですから、いつまでフォローしてくれるのかと、よく訊かれます。わたしは、その人が新しい生き方を見つけ、新しい人間関係を作ることができ、もう刑務所には戻りたくない、今の生活を守りたい、そう思えるまでですよ、と答えます」

フォローアップは、生活している施設のスタッフ、生活保護を受けているならその担当者、障害福祉の担当者などで行う。赤平ら定着支援センターの職員も加わり、本人を交えて合同支援会議を開き、いまどういう状態で生活をしているか、本人が以前と比べて充実しているか、といった確認をしていく。九〇名中、フォローアップに入っているのは約半数であり、うまくいっているケースばかりではないという。

では、受け入れる側の方はどんな現状なのか尋ねた。

「受けてもらえる所はだいたい決まっています。都内で三〇カ所もないですね。現在のペースは、満期出所者が月五名くらいです。府中から他県に行く場合もあるし、他県からこちらに来ることもあります。スタッフは現在五名ですが、再犯防止という点から見ると、たとえば三日ももたないで刑務所に戻っていた人が、一カ月以上、社会で暮らせるようになったとか、一年以上再犯をしていないという人もいます。フォローアップが終わり、わたしたちの支援は必要ない、ということになって初めて『地域生活』です」

これは更生支援についての正論だった。赤平は続けた。

「そこまでの結果を出してくれた人は、今のところ数名に限られます。もう大丈夫だろうと思って、こちらも安心していた人が再犯に手を染めることもあり、どこまで行けば『安心できる』か、わたしたちも手探りです」

少し落ち着いたかと思うと、揺り戻しが来て、再び安定した状態が続いたと思ったら、また崩れてしまう。こんな行きつ戻りつをくり返し、それでもつながりを切らさないようにして支援を続けていく。これが「更生支援現場」のリアルだった。

「いま『受け皿』として支援してくれる事業所は、再犯をしても、戻ったときは自分たちのところに来ていいから、と言ってくれています。そういった『受け皿』をたくさん作って行かないといけないと思っています」

山本譲司と地域生活定着支援センター

山本譲司の『獄窓記』が、地域生活定着支援センターの創設にあたって大きなきっかけとなった点については章の冒頭で触れている。山本が二〇一二年九月の講演で、定着支援センターのその後について、次のように述べていたのが印象的だった（＊1）。

「知的障害や発達障害のある人は、社会の中できちんとソーシャルスキルを身につけた方がいいに決まっています。社会の中でスキルを身につけてこそ、初めて社会適応力も備わってきますし、自己肯定感も生まれてきます。徐々に自分が変わっていくなかで、反省とか贖罪とかいう意識も生まれてくるでしょうし、『悪いことした』ということに気づけるのではないかと思います。今、福祉と司法は、今後そうした考えを取り入れるのかどうか、まさにターニングポイントの時期にあるのではないでしょうか。福祉の場において、そのきっかけとなるのが『地域生活定着支援センター』ではないかと思います」

地域生活定着支援センターの意義を強調しつつも、全国の都道府県にすべてに整備されたのが二〇一一年、始まって二、三年を経たこの時期（講演時）、幾つかの課題が浮かび上がっているとも指摘する。

「問題はここからです。福祉関係者の多くが、定着支援センターも含め、こうした新しい制度が生まれたことに対して、自分たちの職域拡大が図られたと考えているのです。けしからん話です。

これはいかがなものかと、わたしは大いに危惧を覚えています。福祉がこれまで支援してこなかったからこそ、刑務所のなかが障害をもつ人で溢れ返るようになった。まずはそのことを、福祉の人たち自らが深く反省しないといけないのではないか。僭越ながら制度を作った一人として、そのことを痛感しています」

さらに言う。

「矯正の現場からすれば、結構なことだ、これで出口の問題を解消できる、と一旦は思っていました。しかし月日が経つにつれ、期待通りにはいっていないと感じる矯正職員が増えてきているのです。もっともわたしには、予想通りといった面もあるのですが」

この連続講座はわたしが呼びかけ人となり、山本のほか、石川恒（かりいほ施設長・当時）、水田恵（更生保護法人同歩会理事長）が常任メンバーとなって立ち上げたものである。きっかけはこの、大阪市平野区の実姉刺殺事件だった。大阪地裁が「社会に受け皿はない」と断じたことを受け、ならば現場は何をしなくてはならないか。そのような問題意識をぶつけたもので、そこでの山本の講演だった。地域生活定着支援センターは、赤平と山本、益子が述べたような課題を背負いつつも、以後、奮闘を続けていくことになる。

再び赤平守の場合

再び赤平守に登場してもらう。地域生活定着支援センターが、二〇一二年以降、どんな現状になっているかを知りたかった。取材依頼をしたのは二〇一八年七月九日。赤平が現在活動拠点にしている東京八王子市の社会福祉法人武蔵野会を、赤平に伴われて訪ねた。理事長の高橋信夫（後述）にも同席してもらった。

赤平は、現在自身が担当している少年についての様子を一通り話すと、定着支援センターに関しては、「話すよりも、こちらを読んでもらった方がいいと思う」と言って論文の抜き刷りを渡してくれた。「地域生活定着支援センターにおける司法と福祉をつなぐ実践の現状と課題」と、長いタイトルが付されている（＊5）。一読し、感銘深い読後感が残ったが、赤平の思いはどうにも複雑なようで、次のように記述している。

まず、地域生活定着支援センターが法的な根拠をもたない分、予算配備は安定性を欠く。県によって補助金を付けるか付けないかが、バラバラな対応になっている。各都道府県が刑事施設をどれだけ有するか、人口の規模はどれくらいかなどの条件によって、利用する出所者の数にばらつきが出る。益子千枝も指摘していた事態である。そしてこの状況は、センター職員の〝努力〟だけではいかんともしがたい、と赤平は書く。設立当初から予測されていたはずなのに、「業務に繁閑の差が生じている」、支援量に地域差があり、このことが予算配備の地域差につながろうとしている。しかしそれでは「〝格差〟ではなく、新たな〝不平等〟が作られる危惧さえある」と赤平は問題提起する。

二つ目の課題は、あいかわらず「受け入れ先の開拓が進まない」ことだと書く。

三つ目。定着支援センターの担い手が猫の目のように変わり、これで出所者本人との信頼関係が作れるのか、と赤平は危惧する。さらには、次のようなエピソードを怒りとともに記述する。生活保護申請の相談に、ある福祉事務所を訪れたときに目の当たりにした対応についてだった。会議室に通されると、事務所職員五名の他に、警察ＯＢなる人物二名が目の前に座った。すると警察ＯＢの一人が次のようにいった。

「安易にこういう連中を連れてきてもらっちゃ困るんだよ。税金使うんだから」

それを耳にし、「屈辱的だった」と赤平は書く。〝こういう連中〟をあいかわらず生み出しているのは誰か。福祉の現場が、いまもってこんな発想から抜けられずにいるそのことにこそあるのではないか。まさにその通りである。これこそがプロローグで指摘した二極化である。

赤平はもう一つ、次の点も指摘した。

「触法障害者の支援の必要性を感じる」と普段口にしている法人も、ではと相談に行くと、体よく断ることが少なくない。理由は「職員にスキルがない」「刑務所を出た人の支援の経験がない」「もし何かあったらどうするか」、大かたがこの三点だという。出発当初からの福祉の側のこうした姿勢は、山本譲司も指摘していたことだった。

結びにいたって、赤平の文章はさらに熱を帯びる。この稿（赤平の論文）の執筆に当たって過去に自分の書いたものを読み返したが、考えが全く変わっていない、同じ結論を書く、と記した後の記述。ここは非常に重要である。

「地域共生を支えるのは想像力である。『地域で生きる人を、地域で支える』のであれば、『その人を知る』努力が必要となる。それは『なぜ？』を考えることである。定着支援センターばかりではない。司法関係者も福祉関係者も同様である」

本人たちにどれほど思いを馳せることができるか。そう赤平は続けていく。

「そして、本人たちがあえて口にしないそれぞれの『不仕合せ』に気づくことができるか。その気づきなしには支援は成り立たない」

もう一つ、赤平は重要な問題を指摘している。

「『再犯をしないことを目的にします』という施設が多い。しかし『手段と目的』を見誤ってはならない。再犯する、しないは結果である。再犯防止を絶対的な目的とするあまり、独自路線と称し、施錠や暴力等の『圧力』による管理体制をとるという実例がある。現に昨年も虐待行為でいくつかの法人が摘発、逮捕される事件があったが、その中に元受刑者を『どんな人も差別しませんよ』と言って受け入れてきた施設があることも事実である」

福祉がこんな管理と収容の発想を常態としてしまえば、刑事施設よりもさらに非人権的な場所となる。刑事施設は受刑期限と共に出所させなくてはならない。受刑者は出所できる。福祉に期限はない。スタッフや施設職員の〝恣意的な判断〟で、無期限収容の場所となる。本人の意思決定などはあってなきが如しのものとなり、暴力や虐待が横行し、生活の質は果てしなく劣悪化していく。ところが、劣悪化させればさせるほど、運営する事業母体に多額の収入が落ちることになる。一部ではあるが、この構造はいまだ根強く福祉には残る。津久井やまゆり園の事件における論議が図らずも露呈させたのは、今もって変わらない福祉と施設収容にまつわるこうした「宿痾」だ、と高橋紘士は指摘した（＊6）。

赤平の論文を長々と引用した。長々と引用してでも読んでいただきたい内容だった。

今回の判決をどう考えたか

このあたりで第Ⅰ部を終えたいが、そのまとめとして、少しばかり私見を述べたい。なぜ大阪地裁の判決は求刑を超えるものとなったのか。振り返って、そこにはどのような「意味」と課題を見出せばよいのか。この判決から読み取るべきことはいくつかあるが、第Ⅰ部に関連するポイントを述べれば以下のようになる。一つは、「社会的受け皿がない」という指摘は、いうまでもなく、暗に「受け容れる力量が福祉にはない」というメッセージになっている。社会福祉への批判である。多くの支援者はそのように感じたのではないかと思う。少なくともわたしはそうであり、それがこのルポに入り込んでいく最初のモチーフだった。

しかし、取材を重ねるうちにもう一つのことに気づいた。後藤弘子は法務省の取り組みについて触れ、辻川は弁護士会における近年の試みを指摘した。松本も述べていたように、法務省が、再犯防止に向けた施策を本格的なものにしようとしていたそのさなかに、一地方裁判所から、「再犯防止は不十分である」という刑事政策への批判が向けられた。そのことを、求刑を超える判決の理由とした。意図したかしなかったかではない。結果的に、そのようなものとなった。

触れてきたように、当時の法務省の再犯防止政策は、二〇一二年に『再犯防止に向けた総合対策』（犯罪対策閣僚会議）を正面から打ち出し、次のように進んでいくことになる。一三年『『世界一安全な日本』創造戦略』（閣議決定）、一四年には『宣言：犯罪に戻らない・戻さない～立ち直りをみんなで支える明るい社会へ』（犯罪対策閣僚会議）が出され、そして一六年には再犯防止推進法が制定されていく。

判決直後、福祉や医療の支援者や親の会・家族会が大きな衝撃を受け、すぐさま批判の声明を発表したことは第Ⅰ部の冒頭で記した。関係者に劣らぬ衝撃を、法務省や検察庁などの関連省庁は受けたのではないか。加えて裁判員裁判であった。ここでの裁判員の見解を国民視線の最大公約数と見るならば（そのことを目的とした裁判制度の導入なのだから）、国民もまた、「再犯防止対策に小さくはない危機を抱いている」、「少なくとも不満と不安がある」というメッセージを発信した判決だったと思う。

「障害への偏見と差別」という文脈でのみこの判決は批判されたが、それは恐らく事の半分だったのではないか。くりかえすが、意図しなかったとしても、地方裁判所からの刑事政策への批判を結果としている。なぜこんなことになるのか。二〇〇〇年代の犯罪論を牽引してきた一人である刑事政策学者の浜井浩一が、『新・犯罪論』（聞き手・荻上チキ、現代人文社）のなかで興味深い指摘をしている。

検察官は送られてきた人を起訴するかどうか、起訴をするからには求刑に近い量刑の判決を取りたい。しかし刑が確定すれば、仕事はそこで終わりである。同じように裁判官も、被告人に判決を示し、相応の刑事責任を取らせれば、そこで仕事は終わる。どんな処遇となるか、出所後はどうなるか。再犯をするのかしないのか。裁判官はそのことには関心をもたない。そこにはかかわるべきではない、それがプロとしての自分の務めだ。良心的でプロ意識が強ければ強いほど、そう考えるのだという。そして次のように浜井は書く。

「ただし、その縦割りのなかでのプロ意識が、判決後のことに全く関心をもたない、刑務所や保護観察の実情をまったく知らない、知らないことに何の問題意識ももたない検察官や裁判官を生んでしまったのです」

浜井が指摘する、「良心的でプロ意識が強い」という裁判官の特性が、今回の大阪地裁判決の一因をなしているとしたら、こんな皮肉なことはない。こうした刑事裁判の官僚的な在り方を打開し、市民感覚を導入したいという目的で裁判員裁判は導入されたはずである。昨今の裁判員裁判が、批判にさらされていることは承知している。候補になった者の参加拒否が後を断たず、存続を危ぶむ声も出ている。批判する著作は後を断たない（＊7）。しかし、それでもなおわたしがこの制度に託したいのは次のような理由による。

「お上依存」の傾向がもともと強い日本社会にあって、ここ二、三年、それがさらに強まっている（とわたしには感じられる）。そして一方で「三権分立」への危機が、強く言われるようにもなった。このようなとき、せめて裁判参加の道を担保しておくことは大事なことではないか。橋爪大三郎は『裁判員の教科書』（ミネルヴァ書房・二〇〇九年）のなかで、この制度の土台になっているのは「自己統治」の思想であるとし、次のように述べている。主権者である国民がどのように（広い意味での）政治に参加するか、それを「統治（ガバメント）」といい、司法において自己統治がなぜ大事なのかと問いかける。

「刑法が処罰の対象とするのは、同じ市民のうち、有罪の嫌疑がかけられている人びとです。つまり、自分たちの仲間です。仲間が、人権を制限する刑事処罰を受けようとしている。それをひとにまかせずに、自分たちでチェックして、ぬれぎぬや冤罪から仲間を守る。これが、裁判員制度の、発想の根本です。さもないと、うかうかしているうちに、司法権力が暴走して、自由勝手に市民を裁くことになりかねない」

くりかえすが、司法と政権中枢の関係のあり方が問われ、司法の独立性が揺らいでいると指摘されている昨今、反面では警察や検察が捜査や取り調べへの権限を拡大させている（反ヘイトデモへの過剰な警備、選挙演説時の国民のヤジに対する威嚇的警護、沖縄の反基地闘争に対する対応その他、さまざまな非難がネット上にあふれるようになったのは、その一例である）。しかしそうした批判的反応以上に、少なくない市民にとって「お上依存」という傾向は益々進行しつつあるのではないか。

刑事司法や刑事裁判が戦前から抱える閉鎖性や密室性を、早い時期から批判してきたのは青木英五郎であるが、そのブラックボックス化を押しとどめるためにも、裁判参加の道は担保しておく必要はないか。維持されているうちならば、裁判員制度の欠点を修正する道は残されている。しかしいったん廃止してしまうと、この制度を復活させることはほぼ不可能になる。そして司法は密室化する。それが、裁判員制度の維持をわたしが選ぶ理由である。

以上が、本書の第Ⅰ部でこの事件を取り上げ、詳述した一つ目の理由である。

二つ目に指摘しておきたいことは、法曹家の専門実務に向けたシロウトの論評ということになるが、一審の山根、二審の辻川、そこで見られた弁護スタイルの相違である。

山根は、被告人が発達障害であるとは知らないまま弁護に入った。いわば通常の刑事弁護の枠内で最大限の情状を訴えようとした。山根は率直に「控訴審で辻川先生に入っていただいたことで、同じ刑事弁護でもより専門的な内容になったわけですが、そういう協力関係をいただかなくとも（もちろん高い専門性のある弁護はできないにしても）、我々ももう少し掘り下げてやって行かないといけないと感じました」と述べている。

一方辻川は、自身がこれまで積み上げてきた「情状弁護」のスタイルを取り入れていることは見てきたとおりである。情状証人を立て、更生支援計画を示し、出所後の支援を訴えている。

振り返ってみれば、両弁護人には、弁護スタイルにはっきりとした相違が見られた。もちろん、第一審から情状弁護を前面に打ち出せば、異なった量刑と判決理由になったかどうか、それは分からないことではある。いずれにしても、「障害」をもつ人の刑事弁護における情状弁護の重要性、それが第I部での主題であった。

わたしはこれまで重大で話題を呼んだ事件を追ってきた。重大事件を丹念に追いかけ適切な分析を加えることは、そのほかの多くの事件に共通する発生の要因や、事前対応のヒントが、そこから浮かび上がってくる。そのような意図のもとで記述してきた。本書も同様である。

（＊1）更生保護法人同歩会が主催した「刑事施設後の地域生活支援に関する連続講座」（二〇一二年九月一五日）における、「刑事施設内の実態——福祉の代替施設と化す日本の刑務所」と題された講演。『飢餓陣営』39号（二〇一三年八月）に山本の加筆を経て、「福祉の代替施設化した刑務所、刑事政策の課題」と改題され、掲載された。そののち『飢餓陣営せれくしょん1　木村敏と中井久夫』（言視舎・

二〇一四年九月）に転載。

（＊2）矯正施設における受刑者は、ランクごとに分類されている。主なものとしては、「A　犯罪傾向が進んでいない者」「B　犯罪傾向が進んでいる者」「L　執行刑期が一〇年以上であるもの」「W　女子受刑者（A、B、Lが混在）」「Jt　少年院への収容を必要とする一六歳未満の少年」。益子のいうLAとは、刑期は長いが、初犯もしくは犯罪傾向の進んでいない受刑者、という意味になる。（『平成二九年版　犯罪白書』より）

（＊3）市町村が住民票を消してしまうこと。復帰しなければ〝住所不定〟となる。消除理由は、住民登録のある筈の人物の居住実体のないことが発覚し、削除されてしまうなどにある。ただしきわめてまれである。

（＊4）二〇一九（平成三一）年四月、関東医療少年院は神奈川医療少年院と統合され、東日本少年矯正医療・教育センターとなった。同センターは、東京都昭島市の「国際法務総合センター」に集約された一行政機関として位置づけられ、他に・矯正研修所・国連アジア極東犯罪防止研修所（法務総合研究所国際協力部）・公安調査庁研修所・東日本成人矯正医療センター・東日本少年矯正医療・教育センター・東京西法務少年支援センターをもつ。

二〇一九年九月、石川恒、赤平、高橋信夫が主導する「よりそいネット」の声掛けで、更生保護法人同歩会の評議員として、同センターを見学することができた。

（＊5）『社会福祉研究』第131号（公益財団法人鉄道弘済会・二〇一八年四月）所収。

（＊6）高橋紘士「津久井やまゆり園事件と戦後福祉の『宿痾』」、平野泰史さんに聞く「もう『施設』

は要らない」（ともに『飢餓陣営』47・二〇一八年夏）を参照のこと。

（＊7）裁判員制度を批判する著書の中で、裁判員裁判にとどまらず刑事裁判全体に鋭い批判を向けているのが、『マスコミが伝えない裁判員制度の真相』（狩野亨他・花伝社・二〇一五年）であった。執筆者三名が現役の弁護士であり、現場情報やマスコミ情報など、紹介されている内容が多岐にわたること。事例の解析が、現場での実践に裏打ちされていることなどが、特徴的だと思えた。マスコミではもはや裁判員制度についての話題はほとんど取り上げられなくなっているが、このような著書を読むと、制度の見直しを本格的にやらなければ、存続自体が危うくなっていくのではないかと強く感じさせる。

第Ⅱ部　「障害と刑事弁護」、その始まりと先駆者たち

第六章　「知的障害」をもつ人の刑事弁護はどう始まったか

──「悪い障害者」は支援しないのか

副島洋明弁護人との出会い

二〇〇一年四月三〇日、東京浅草の路上で何の落ち度のない一九歳の女子短大生が、二九歳の男性によって突然包丁を突き立てられ、無残にも命を落とすという事件があった。ほぼ即死状態だった。失血死で、体の中にはほとんど血液が残っていなかったという。

男はレッサーパンダの帽子を被り、白と黒のハーフコートを羽織っていた。激しい衝動性、不可解な犯行動機、目立つことも厭わないその異様ないで立ち。直後からマスコミは「レッサーパンダ殺人事件」と名付け、センセーショナルに報じ続けた（本書では「浅草事件」と記す）。わたしは、その年の三月に特別支援学校の教員を辞したばかりで、加害男性が高等養護学校の卒業生であると知った時、幾つかの疑問が腑に落ちた。

白昼、浅草のど真ん中で、思い切り人目に付く格好をして突然襲い掛かった、という衝動性や無計画性。初夏になろうかという時期なのに、冬物のコートを羽織っていたという服装への不自然なこだわり。実行や逃走の杜撰さ。各地を転々と逃亡する際もレッサーパンダの縫いぐるみを身に着けており、連日のように目撃情報が報道を賑わせていたのだが、ここに伺える「他者からの視点」

の希薄さ。教員時代によく知るタイプの男性だった。

わたしの関心は、高等養護学校の卒業生であるというこの男性が、なぜ最悪の事件を引き起こすところに追い込まれたのか、その一点に引き寄せられた。いったん一般就労をはたしたものの離職。やがてドロップアウトしていく。いわば〝転落の人生〟の始まりなのだが、その経歴を知るにつれ、卒業生たちの顔が浮かび、とても他人事とは思えなかった。

取材を決め、まずは裁判の傍聴からと足を運ぶことにしたのだが、そこでもまた衝撃的な事実を知ることになる。路上生活―逮捕―刑務所生活―出所―路上生活―逮捕……、こんな一〇年をくり返した加害男性の半生。あまりに短すぎた被害女性の人生。拙著『自閉症裁判』をぜひお読みいただきたいのだが、この事件に遭遇し、副島洋明、大石剛一郎両弁護人との出会いが、わたしの人生も人生観も一変させた。

裁判にはいくつかの争点があった。まず、「自閉症」という障害診断をめぐって、日本の刑事法廷で初めて争われた。「自閉症」というファクターを入れることによって、男性の行動も動機も不可解で異様、とだけ見えていた事件の全容が初めて明らかになる。そう弁護団は主張した。この論陣を主導し、重要な役割を果たしたのが高岡健だった。検察側は、「自閉傾向はあるが『軽度の知的障害』という診断で十分に説明可能」と反論し、激しく争われた。

加えて弁護団は責任能力論議を前面に出すことはせず、被告の生育歴の悲惨さ、孤立した家族史、居場所のない卒業後の暮らしなど、詳細に自分の人生を語らせようとした。医師、高等養護学校時代の担任教師、福祉関係者などの情状証人に次々と法廷で証言してもらい、いわゆる「情状弁護」

をフル展開させようとした。これはまさに副島流の「闘う情状弁護」だった。

二つ目は、取り調べについてその違法性を激しく訴えたことだった。証拠採用された上申書や供述調書が、どこまで自分のことばや自分の意思で話したことなのか（自白の任意性）。そこに書かれていることは、取調官によって〝作られた事実〟や〝捻じ曲げられた事実〟ではなく、信用に値するものなのか（自白の信用性）。その詳細なところまで弁護団は検証しようとした。

発達・知的障害をもつ人の刑事弁護がどのようになされるのか、わたしはこの裁判で教えられたといっていい。くり返すが、これは副島洋明独特の情状弁護のスタイルであり、大石もまたベースとなる人間観、障害観、弁護観を副島と共有しながらも、大石なりの独特の「闘う情状弁護」のスタイルをもっていた。そして二人の弁護方法が、一般的な刑事弁護の方法とは異なっているものだと知るのは、もう少し後になってからである。

どのようにして「司法」のシステムに乗せられていくのか

浅草事件の取材を通して、もう一つ突き付けられた事実があった。それは知的・発達障害をもつ人たちが、路上での暮らしに戻ることを余儀なくされ、再び犯罪に手を染めていくのだが、彼らを法廷がどう裁いていくのか、その現実の苛酷さだった。

取材中、副島が主催した集会で一人の弁護士が登壇し、文字などろくに書けないはずの被疑者が書いたという、ある事件についての上申書を示したことがあった。調書は通常、「わたしこと誰それは、〜〜日、〜〜時に、〜〜で〜〜の行為に及び〜〜」と、「わたし」を主語とした文章として採録されていく。それがどこまで「事実」であるかどうか詳しく見れば矛盾点があるのに、そのまま記録されていく。この例が示すように、本人にとって何が書かれているか、誰のことなのか、よく分からないまま取られた〝供述調書〟はおそらく山のようにつくられてきたはずである。このような理不尽としか言いようのない司法のあり方が、当時のまぎれもない現実だった。

取材中、副島から教えられたことは、それこそ山のようにある。マスコミは凶悪なモンスターのように報じる。しかしそれは事実からは遠い。過半の家庭が経済的に困窮し、支援を受けられないまま孤立する。家族も障害や疾患をもち、虐待や家庭内暴力などのいくつものトラブルを抱えている。そんな人たちが圧倒的に多い。犯行はそのような家庭の破綻の、端的な表れなのだと副島はくり返した。

本人と母親との不幸な関係にも副島は幾度となく言及した。多くの人がお母さんに恨みを抱えている。なぜもっと愛してくれなかったのか、あれだけいじめられたりバカにされたりしているときに、なぜかばってくれなかったのか、なぜ兄弟姉妹のなかで自分だけが家族の輪に入れてもらえなかったのか。面接を重ねていくと、今まで口にできなかった本音が出てくる。その多くが母親への哀切な訴えだ、とも副島はくり返した。生育歴や家族史を徹底的に調べ上げることも、副島の情状弁護には不可欠の作業だった。

わたしは、この事件と副島・大石の両弁護人への取材を通し、自分のなかの「犯罪者像」が大きく変わっていくのを体験していた。「モンスターのような根っからの極悪人」、「目的のためならば、何の落ち度もない他人の命を奪うことを、いささかも躊躇しない冷酷無比な人間」。そのような側面のすべてを否定するものではないが、経済的にも人間関係にあっても、また問題解決の方法の稚拙さにおいても、わたしが抱いていたイメージとは大きく異なる存在であった（そのことを痛感したのは、「かりいほ」の石川恒を初めて訪ね、その利用者たちとの一週間ほどの交流をもったときだった）。

副島に取材し、もう一つ驚かされたことは、福祉関係者との広範なネットワークをつくりあげていることだった。出所しても、親兄弟が身元引受人とならないケースが過半である。住まいもない。副島は受け皿となってくれる多くの福祉関係者とつながりを作り上げ、ときには緊急避難のシェルターが、ときには住まいと暮らしを提供する福祉施設やグループホームのスタッフが、副島と大石の強力なサポーターとなっていた。

「司法と福祉の連携」が強く言われるようになるのはこの一〇年ほどのことだろうか。連携や協力は、すでに二〇年以上も前から副島や大石と周囲にいる福祉関係者との間で行われていたのだった。それがいかに画期的な取り組みであったか。そのことを知るのも、やはり、もう少し時間を経てからだった。

副島洋明の刑事弁護に触れる

『知的障害者　奪われた人権――虐待・差別の事件と弁護』（明石書店）という副島の著書がある。副島が、一人先んじて取り組んできた事件からモデルケースとなる五例をとりあげ、その紹介と分析、どのように取り組んだかについて著したものである。「障害と刑事事件」「更生支援」「司法と福祉の協働」というこの領域で仕事を始めている若い人たちに、知的障害者をめぐる副島の刑事弁護がどう始まったか、なぜ始めなくてはならなかったか、是非とも知っておいていただきたいと考え（本当はわたしなどよりも適任者がいるのだが）、以下に記載していきたい。冒頭に置かれるのは、一九九六年の「水戸事件」。

水戸アカス紙器の社長が障害者雇用助成金を水戸職安からだまし取った詐欺罪と、女性社員への傷害罪で逮捕された。しかし水戸警察署は全貌を解明することなく、社長を逮捕後すぐに釈放し、事件を〝終息〟に向かわせる。住み込みで勤めている知的障害をもつ女性職員への性虐待が疑われ、副島は調査に入る。数々の聞き取りがなされ、女性たちの救出を図ろうとするが、親たちは告発に踏み切れない。他に働くところがない、働かなければ生きてはいけない、我慢しろと逆に説得をする。それが壁となる。社長は地元では障害者雇用を積極的に行う〝名士〟であり、世間や司法は社長と知的障害をもつ人たちの話のどちらを〝事実〟として信用するか。これが突き付けられた二つの壁だった。

しかし、では〝事実〟とは何か、と副島は問う。それはどう認定されるのか。知的障害者虐待事件の〝事実〟は、ことばや表現の分析・観察からではなく、信頼と共感から分かって来る、信頼関係を築く中で〝事実〟をいかにつかむか、そのことが問われるといい、そして続ける。

「客観的に観察して論理的に一貫していること、筋が通っていることが〝事実であること〟の判断基準であるかのように捜査機関や裁判所はしばしば説明しますが、それでは頭がいい（？）、つまり弁解や説明の上手な人間のいうことが事実に近いということになってしまいます。（略）バラバラとなっている過去の事実を抽象的に矛盾なく組み立てうる表現力も、説得・説明というところでは重要ですが、しかし表現力は欠けても人間としての誠実さと、体験として刻まれた記憶こそが、混沌と拡散する事実を真相にする力となりうるものではないでしょうか」

捜査機関や裁判所によって証明された事実とは何かと問い、確かに言えることが一つだけあると次のように書く。

「警察官および検察官はその虐待の被害者である当事者（知的障害者）を知ろうとはしていません。取り調べた取調官が作成した調書、被害者を観察した報告書等、言葉・表現力としての問題、要するに上手に話せない、具体的で正確でない、言っている内容が聞き方で変わってしまう、おどおどして明確でない、論理的に一貫していない、矛盾している等の理由から、今の司法制度にはのれない人だと『却下』してしまいます」

しかしそれは間違っている。彼の人となり、心に刻まれた体験・記憶は大切な判断材料であり、「検察官に否定された事実も真実だと考えています」と結んでいる。副島の知的障害をもつ人たちと向き合うこのような姿勢は、被害者であっても加害者であっても、終生変わらずにもち続けたものだった。

「施設を出て地域で暮らす支援ができなかった」という自己批判

「Ⅱ　白河育成園事件」は、一九九七年以降、施設内での数々の虐待事件が告発によって暴かれ、「その人権侵害ゆえに、施設・法人自体が廃園（施設解体）」になった事件である。背景や経緯は複雑である。〝地域と施設〟の問題が前景化し、副島の思いも簡単ではない。ここでは次のようなことが書かれている。

事件の解決が、施設解体で正しかったのか。なぜ施設改革をし、再建を図らなかったのか。知り合いの福祉関係者からそう問いつめられた。しかし厚生省・福島県・東京都（白河育成園は都外施設）が、資金を出して改革するという意思をもっていなかったし、それ以上に、自分自身が再建すべきだったとも考えていなかった、と書く。その先に副島の苦渋がある。

「私は一部の保護者から『副島先生は地域で暮らすといいますが、そんなことはきれいごとです。地域福祉はわたしたち障害者の親を地獄におとしいれるものです。入所施設があって、子どももわたしたちもなんとか生きていけるんです。それがどうしてわかってくださらないのか』と非難もされてきました。／その非難のことばのもつ〝生きる現実〟を決して軽視したり考えが違うとして頭から否定するつもりはありません」

このとき、施設があって生きてこられたのは自分も同じだった、といい、昔の自身の家族事情に触れる。妹が重度の障害者であり、若かった頃、妹の世話や負担で自分の人生が塞がれるように感じられた。身の始末さえできず、どうやって自分の生活を決められるのか。しかし「当事者が『施設はイヤだ』というのに、『ダメだ、施設に行け』ということはわたしにはできない」。親のためにこの事件に取り組んだのではない、あくまでも当事者のためだ、そう考えて何度も話し合いをもった。本当に出たいのか。出てどうするのか。

「彼らは『ここはイヤだ』『出たい』という強い気持ちをもっていました。出てどうなるか、また再び施設にということになるのではないかということがわかっていても、私のかかわりはやはり当事者たちの気持ちをくみとっていく活動なのだと踏ん切ったことに間違いありません。そして結果は多くの当事者が再び全国の施設に戻されています」

このとき、副島は「無責任だ」と多くの人たちによって非難された。

「わたしと対立した親たち、知的障害者は今の社会ではとにかく施設入所して暮らすことが本人の幸せだとする人たち、入所施設を本音のところで福祉事業として、また生活の糧（職場等）として守りたいとする施設関係者、さらに脱施設と口でいいながらもどる地域に受け皿がないことを強調して、『力』のない当事者は〝がまんすべきだ〟とする人たちまで、いろいろな立場からの『無責任』という批判がありました」

しかし副島が身に応えたのはこうした批判ではなかった。それは「〔知的障害をもつ人が〕地域で生きる実践を切り開いてやっている人たちからの批判」であり、「当事者が施設から出て地域で生きるためには、それを支える支援と力が必要だ」、それが欠けているという指摘だった。副島は思い当たった。

「その批判を受けた時、私は、私たちの非力を改めて思い知らされました」と書き、次のようにまとめている。「〔白河育成園事件とは〕当事者たちが生きていく地域での支援、いや人間としてあたりまえに生きる権利を守ることができなかった事件です」。

障害をもつ人々へのこうした深いコミットメントと共感が、副島の弁護論や弁護活動の背後に根を下ろしている。

一九九七年の「国分寺事件」とは

もう一つ、「Ⅳ　国分寺事件」を取り上げたい。これは、知的障害をもつ人が加害者となった事件だった。副島は論の冒頭、我が国において、知的障害をもつ人たちが犯罪の容疑を受け犯罪者となる過程で、どれだけ厳しい実態におかれているかということを本当に学ばされた事件だった、と記している。「暗澹たる気持ちに」させられる、とも書く。

「犯罪容疑者が知的障害者だとわかった時、司法では、知的障害について特別の配慮を必要とし、よく理解し慎重にやらねばならないことだとは全く考えられていないことは確かです。むしろ『こういう人間は何をするか分からない』という忌避を伴う差別観がまずつくられているように思います。（略）こんな人間を社会で放っておくと何をしでかすかわからない、少々無理なことでもしょうがない、（略）そういう差別観のうえでつくられる知的障害者の〝犯罪者像〟がいまだに警察、検察、そして裁判所でまかり通っているのではないでしょうか」

副島が刑事弁護にあって、最も力を注ぎ込むことの一つがこの「司法はどこまで障害を理解しているのか。理解しようとしているのか」という問題だった。「裁くのならもっと裁かれる人間を知って裁くべきです。そして裁判の意味、つまり正義をきちんと伝えるべきではないか」。わたしが副島に教えられ、この二〇年間、くりかえし訴えてきたことも、最後はここに尽きる。

前置きが長くなっているが、国分寺事件とは、次のようなものであった。

一九九七年五月二二日、国分寺市内の知的障害者通所施設の物置に放火されるという事件が起きた。このとき、知的障害をもつ一人の男性が任意同行を求められる、ということに端を発していた。

事件場所の半径七〇〇メートルの地区で、半年前から二三件もの不審火が続き、この施設でも一週間前に放火事件が起きたばかりだった。住民の不安は大きかった。この間、知的障害をもつDさんが警察によってマークされており、五月の事件の直後に、任意同行を経て自白にいたったということで逮捕された。

犯行を示す物証はない。怪しいというだけの理由で〝見込み〟捜査が続けられた。任意同行を求められ、取り調べを受け、自白し逮捕にいたるという、知的障害をもつ人が被疑者になった時の典型的なケースだった。彼らの自白事件は、自白がどのようになされたかが大きな意味をもつ。いったん調書を取られてしまうと、起訴されたのちの証拠として裁判官の心証を作る。

どう自白調書が作られたか、副島は調査に入る。会話が覚束ない。ひらがなも書けない。「やったか」と聞くと「やった」と答える。「本当はやってないんだろう」と聞くと「やってない」と答える。本人の証言から真偽の確定は難しい。警察は「障害に配慮した」と答えるが、そうは思えない。しかし、接見をしても、警察関係者を問いただしても、「自白」をくつがえす証拠は一つとして得られなかった。

ところが、逮捕から一〇日ほどたった頃、二日にわたって、同じ地区で再び放火事件が起きた。警察は二二日以前の事件でも、Dさんに放火を〝自白〟させているが、この二つの事件によって、真犯人はまだ逮捕されていないことが明らかになった。警察がDさんの誤認逮捕を認め、釈放するかと言えばそうはならなかった。他の放火事件はDさんが犯人ではないとしつつも、二二日の事件だけは容疑が晴れていないと拘置を続け、起訴。そういう事態になってしまった。

自白調書の証拠能力をどう切り崩していくか。副島が以後、自身の基本としていく弁護方法のレールが、この事件で敷かれたことになる。

もう一つ重要なことがある。次の「静岡・金谷町事件」の章で、次のように書かれていることだ。知的障害をもつ人が犯罪加害に手を染めないためには、彼らを守らなければならない。「守る」ということは、加害者や被害者にならないために社会から引き離すことではない。

「守るには、知的障害者が、ひとりの市民としてこの私たちの社会で生きることを支援し、弁護する『社会的な力』をつくる以外にはないはずです。その『社会的な力』とは、いってみれば、この社会でのさまざまな生きる苦労や差別やトラブルから『犯罪容疑者』・『犯罪者』となる当事者、つまり〝悪い障害者〟となった人をも守る制度・支援組織・取り組み・活動といった〈守る社会的な意思〉をつくるということになります」

そして以下のように続けている。「『悪い障害者』を守ってこそ、この社会で生きることを支え、守り、励ます〝社会的な力〟といえますし、そして『悪く』ならないためのガードと支援・弁護するシステムをつくりだすことになるのではないでしょうか」。

犯罪をなした後、責任を取り、反省をすることはこの社会で生きる者の務めである。それでも自分は彼らを支援し励ます、それが弁護士としての務めだと書く。知的・発達障害をもつ人たちの刑事裁判において、弁護する側や支援者と呼ばれる人たちにとって何が必要か、胸に刻み付けておくべき基本は、すでに副島がしっかりと作り上げていた。

副島は感情の振幅の大きな人だったから、順風満帆に取材できたわけではない。両手を広げて受け入れてもらえている、と感じることがあったかと思うと、次には、読んでほしいと思って送った原稿が、どうしてこんな文章を書くのかと、大きな罰点を付けられて送り返されたこともあった。会いたいと申し出ても、拒まれてしまったこともあった。わたしは直接副島への批判を耳にしたことはないが、毀誉褒貶の大きな人だったろうと思う。公判においても、熱を帯びてくると、検察官はもとより自分への弁護依頼者である被告人にも、時には裁判官にまで声を大にして詰め寄る姿が何度か見られた。命を奪われた被害者がおり、遺族が傍聴している公判の場でもあるから、そこにある熱意を手放しで称揚することには慎重でなくてはならないが、しばし副島の独壇場になることが少なからずあった。

わたしは遅れてきた新参者である。副島の仕事について知るのはその一部に過ぎない。そのわたしの目の及ぶ範囲でさえ副島の弁護活動は多岐にわたり、障害をもつ人たちの被害・加害、どちらにおいても、まさに先駆的で、後々のモデルケースとなるものだったということは指摘しておいてよいと思う。

しかしその副島は、二〇一四年一〇月一九日、病のために他界する。六〇代後半。あまりに早すぎる死だった。次章では、副島の人となりをよく知る方たちによる「副島像」を紹介し、その弁護方法がどんなものであったか、どんな弁護観や障害観のもとでなされていた刑事弁護だったか、手の届く範囲で紹介してみたい。

第七章　副島洋明という刑事弁護人

――「金を払って弁護士を雇え！」

伴走した弁護人・大石剛一郎が見た副島洋明

副島が他界した後、わたしは深い感謝と、やり場のない後悔めいた思いを整理するために、自分の雑誌でささやかな追悼のコーナーを設けた（＊1）。各論者が切り取る副島の側面は彼の「闘う情状弁護」のなんであるか、その本質を映し出しており、一部を再掲したい。副島と縁の深かった大石剛一郎、高岡健（精神鑑定や助言を続けてきた精神科医）、石川恒（かりいほ前施設長）、山本譲司、村山正司（朝日新聞）。文脈がうまく伝わらないことを恐れるが、簡単に紹介したいと思う（引用者の判断で適宜、改行等を加えている。文責は佐藤）。

大石剛一郎は水戸アカス紙器事件から声をかけられた。そして白河育成園事件でも副島と活動を共にした。

「副島弁護士はいずれの事件でも、虐待状態を解消しかつ事件を社会化するための『プロデューサー』の役割を演じられていました。浅草レッサーパンダ事件では、思い起こすと、障害の特徴が理解されない人生の不幸・辛酸と、起きてしまった結果の悲惨さに、胃が痛くなる日々が続きました。

副島弁護士は、事件の背景を構成する事実・成育過程を刑事のように調べ集めまくっていました。法廷ではそれを前提にして、本人質問と警察官に対する尋問を執拗にくり返されていました。医療や福祉の専門家の意見も体当たりで集めて提出されました。本人の障害の特性と（それをふまえない）取調べの問題性を表に出し、理解してもらうためでした。

宇都宮事件〔対警察・検察、宇都宮市に対する国家賠償請求事件〕では、『福祉の支援が踏み込まなければ、支援を受けるべき人の人生が台無しになりかねない』ということを思い知らされました。副島弁護士はこの時も、刑事のように精力的に足をつかって事実と人をかき集め、成年後見制度と養子縁組無効の裁判を使って、本人に張り付いていた養父を排除して、本人を必要な支援に結び付けました。本人尋問では、（強盗で起訴された）本人の金銭に関する能力をテストする場面を自らプレゼンテーションして、裁判官に披露していました。

その他いろいろな場面で、虐待にあっていたり刑事事件を起こしてしまった本人を何とか必要な支援につなげようと骨を折られていました。誰かの支援・対応が必要なのに、それをやる人・やれる人がいないとなると、指をくわえて見ている、ということはありませんでした。そこで踏み込む・踏み込めるのが弁護士だ、それが弁護士の役割だ、というのが副島弁護士の信条でした」

大石もまた、障害に深い理解をもつ弁護士だった。千葉・東金事件に取材をした『知的障害と裁き』（＊2）での彼の談話を聞き、そのことを強く感じさせられた。中で副島にも触れているところを紹介したい。加害者は軽度の知的障害をもつ青年であり、その接見のさいの印象である。

大石は、コミュニケーションが取れている感じはあるが、背景や理由、ディティールについて、しっかりした説明ができているかといえば、できていないと語った。説明がストンと落ちてこない。記憶が薄れているからそうなのか、ことばで表現できないから出てこないのか。ことばで表現しにくいので、考えることを途中で放棄している、ということもあると大石はいう。わたしはその判断、評価は、弁護団一人一人が微妙に食い違っていたのではないかと尋ねた。

「微妙に食い違っていたと思います。全員がすべてディティールまで同じ、ということはなかったです。副島弁護士は、この件は『無罪の可能性あり』ということで争うべきだという考えです。社会的な意味でもそうすべきだ、と言われる。そうすることで本人の懲役が長くなるという不利益は、実際にはない。なぜなら情状で争ってみたところで、裁判所はそんなことは考慮してくれない。無罪で強く争うことによって押し込まないと、懲役刑の方に跳ね返っていかない。そういう考え方です。それはそれで一つの方針だと思います」

いかにも副島らしい闘う弁護だった。わたしは次のようなことも尋ねた。弁護において、個人の利益を最大限優先させるか、社会的なアピールに比重をかけるか、二人が議論する場に時に立ち会うことがあったが、この点についての見解の相違が、東金事件についてもあったのではないか。大石は次のように答えた。

「それも全体の一〇パーセントか二〇パーセントはあると思います。社会的な意義と本人の個別事件での、小さいかもしれないけれども個人の利益（わたしにとっては、その利益は小さくはないのですが）、そのバランスがどうかということはよく議論になるところです。もちろん、副島弁護士は副島弁護士なりの考え方で、個人の利益を考えているのですが、表に出すのはほとんどが社会的な意義の方で、時々、大丈夫なのかなと思うことはあります。社会的な意義をどんどん前に出すので、そのことが支援者や家族とのあいだで軋轢になることもあります。今回（の途中での解任）も、そのあたりに事情があったのかもしれないとわたし自身は思っています。弁護団のあいだでもそうです。数の多い弁護団になると、わたしがなかに入って通訳をする役目になることがあります。もちろん、これは行き過ぎではないかと感じたときには、通訳しないこともありますが」

わたしは二人のこんなやり取りを聞かせてもらいながら、「障害をもつ人の刑事弁護」のなんであるか、この間、シロウトなりに考えるきっかけを与えてもらってきた。

「法律の話だから、大石、答えてくれ」——高岡健

この副島・大石両弁護人の強力なタッグについて、興味深い見解を述べていたのは高岡健だった。高岡が鑑定人として裁判に関与したのは、浅草事件、所沢事件（「日本で初めて自閉症者の訴訟無能力が認められた」事件、と高岡は紹介している）。そして「中途で副島が弁護団から降りることになった東金事件の三つ」だと書いた後、次のように記す。

「それらのいずれにおいても、リーディングケースとなるであろう困難な事件をただちに引き受け、法曹以外の戦力を動員し（たとえば、レッサーパンダ帽事件では、センスのいい元養護教諭の山本さんや、元日芸全共闘行動隊長の故・岩淵進が参加していた）、有能な弁護士を集め、要所で集会

を打つという行動は一貫していた」

岩淵進は札幌・共生舎のリーダーで、浅草事件で被告となった男性の家族の悲惨さに驚き、その支援を引き受けた。高岡の文章は次のように続く。

「こういう副島の様式は、わたしにはきわめてなじみやすいものだった。しかし、たいていは裁判の進行につれ、弁護団に加わる弁護士の数が減り、支援者の顔ぶれがかわっていったことも事実だ。そのことをとやかくいうつもりは全くないが、考えてから行動するタイプの人たちにとっては、ついていけないと感じることも少なくなかったのかもしれない。

それでも、大石弁護士だけは、いつも最後まで副島の傍らにいた。誰もが大石弁護士を理論派だと認識し、副島の熱情を理論面で支えていると信じていた（集会の参加者から法律面での質問があった際、副島は笑いながら『法律の話だから、大石、答えてくれ』と振っていた）が、案外、大石弁護士も、理論より先に行動する資質を、多く抱えていたのかもしれない。もし考えた後にはじめて行動に移るタイプだったなら、いずれ足がもつれて転ぶのが関の山だろうと思うからだ」

副島が東金事件の弁護人を降りた後も高岡は鑑定人を引き受け続け、よく事務所を訪ねていたという。

「副島はわたしに対し、鑑定人としての出廷を止めるようになどとは一切言わず、知的障害者に関わる新たな構想を語ってくれた。事務所周辺の鶯谷あたりには、多くの知的障害の女性たちが風俗業界で働き、給料をピンハネされている。そういう女性たちの人権を守るために、優良な風俗経営者と組んで（！）活動したいというのが、彼の発想だった。これもまた、副島らしい考え方だったと思う」

風俗業界には、知的障害をもつ女性たちが少なからず働いているという事実も、副島は早くから察知していた。

「福祉は司法の肩代わりをしてはだめだ」と副島はくり返した

そして石川恒。白河育成園事件の後、副島は「かりいほ」に注目していた。

「〈白河育成園事件の〉次はかりいほだ。悪いことをした知的障害の人たちを集めて強制労働をさせている」という話があることは、石川にも伝わっていた。副島の誤解だった。その副島から、訪ねていきたいという突然の電話が、石川の元に入った。

「電話の後の初夏の頃、副島さんは十数人の人たちとやってきた。『何か特別のことをしているの』と訊かれ『特にしていない。生活支援です』と答えた。副島さんはけげんな顔をしていた。『利用者を入れた池はこれ?』と訊かれ『わたしも一緒に入りました』と答えた」

この時の訪問で誤解は解けた。副島と石川は信頼関係を強くしていく。

「また突然の話だった。宇都宮で知的障害者の冤罪事件が起きた〈宇都宮事件〉。その人の成年後見人をやってくれないかという話だった。成年後見人を引き受けた。裁判の過程で犯罪に関わる知的障害者が置かれている実態をまざまざと見せつけられた。そして副島さんという弁護士の姿を見た。わたしやかりいほにとってこの事件へのかかわりは大きな意味をもった。裁判の過程でさまざまな個人、団体とのつながりが大きく広がった。もはや閉塞感などではなく、社会の、福祉の中でのわたしの、かりいほの役割、責任を考え始めることになった」

副島は石川に「犯罪にまで追い詰められた知的障害をもつ人たちを福祉はどうするんだ、なんとかしろ」とことあるたびに伝えていた。この後、石川は「地域生活定着支援センター」創設の経緯に触れていく。山本譲司が『獄窓記』を出版した直後だった。

「副島さんが山本さんを呼んで、中野で集会を開いた。多くの人が集まったが、そこに田島（良昭）さんがきていた。以前かりいほに宮城県の施設の人が研修にきたことがあった。その人に頼んで仙台に田島さんを訪ねた。（略）地域生活定着支援センターの創設は、わたしやかりいほの他とのつながりをさらに広げた。『福祉は司法のかたがわりをしてはだめだ。』と副島さんは言った。わたしはそれを肝に銘じている」

ここでもわたしは副島の先見の明に驚くのだが、それは司法と福祉の連携がいかに重要か、しかし、福祉が司法の出先機関のような役割をすることには強い批判をもっていた、というその洞察の正確さだった。最後を石川は次のようにまとめている。

「わたしは支援の考え方を大きく変えた。『福祉はいいもの』『福祉は豊か』の『いいもの』『豊か』は、わたしは人と人との関係性だと考えている。人と人との関係性は無限に『いいもの』『豊か』にできる。それはすべて支援する側の責任なのだ。わたしは副島さんとのかかわりでそこにたどり着いたのかもしれない。

『良い人にしなくてもいい』。これはかかわり続けるということ、つきあい続けることなのだと教えられた。自分が本人にとって必要な人になればよいのだ。人を変える。それを本気で考えていた時があった。そんなことできるものじゃない。自分が変わる。これならできそうだ。（略）そんな当たり前のことを副島さんは教えてくれた」

石川はその後、地元の〝応援団〟飯島恵子を聞き手として、利用者の「自分語り」の取り組みに専心していく。最初はかりいほのなかで飯島との一対一で、次はそこにゲストという形で聴衆を入れて、そして活動の場を宇都宮、仙台、大阪、八尾と広げていく（この取り組みの意義の大きさについては別のところに書いている）。

わたしは、石川と「かりいほ」とは二〇年付き合わせてもらっているが、この「福祉は司法の肩代わりをしない」ことを教えてくれたのが「かりいほ」と石川だった。

『獄窓記』の出版と、地域生活定着支援センター創設まで

『獄窓記』の出版後、山本の、本当の意味での社会復帰（更生）への強い後押しとなったのは副島だった。山本が副島と知り合うのは二〇〇四年二月のこと。その三年前、山本は服役していた。受刑中に希望した作業は、心身に障害のある受刑者たちの介助係。この経験から、山本は第二の人生における目標を「障害を抱えた出所者たちの社会復帰に向けた支援活動に微力ながら尽力していきたい」と考えるようになっていた。

「が、そう思いつつも、出所から一年半の間、まったく行動に移すことができなかった。他の出所者への支援どころか、自分自身が、社会復帰と呼ばれる状態とは程遠い生活を送っていたのである。引きこもりに近い生活のなかで書き上げた獄中体験記が『獄窓記』として出版されたもの

の、定職には就かず、福祉関係の国家資格を取得するための自学自習という名目で、ただ机の前で時間を潰しているだけ。自己嫌悪に苛まれる毎日が続いた。しかし何か行動を起こそうとするたびに、社会から排除されているような劣等感に襲われてしまう。『服役』という経験が体の中にまとわりつき、自分という人間をどうしようもなくネガティブな存在として捉えていたのだった」

「刑務所を出た人間の多くがもつといわれる出所者コンプレックス――。そんな精神状態から抜け出そうと、もがき苦しんでいた」

そんなあるとき、山本の自宅のファクシミリに担当編集者経由で、見知らぬ男性からA4四枚にわたる『獄窓記』の感想文が送られてきた。送り主は、「知的障害者の起こした刑事事件の弁護活動を専門的に行っている五七歳の弁護士だという。名前は、「副島洋明」とあった。そして続ける。

「文章を何度も読み返したあと、わたしは、電話のプッシュボタンを押した。

『弁護士の副島です』野太い声で電話に出た副島さんは、わたしからの電話であることが分かると、興奮した口調で話し始める。『山本さん、よくぞ服役してくれました。心からありがとうと言いたい』。どういうわけか、副島さんはまず、わたしが服役したことに対して、感謝をしてくれたのだ。驚くわたしに向けて、話はつづく。

『山本さんが服役してくれたおかげで、これまでまったく伝えられることがなかった刑務所内での障害者の処遇が分かりました。ところで、あなたの本のあとがきに『将来的には、障害のある受刑者を受け入れる場所をつくりたい』と書かれてありましたがね、わたしも同じ夢をもってるんですよ。一度お会いして、そのへんについて語り合いませんか』」

〝受刑者の処遇〟のリアルな実情がどんなものか、副島の言うとおり、わたしたちが初めて知る内容だった。山本は「送られてきた文章からも、障害者を取り巻く現状についての『怒り』や『悲しみ』がひしひしと伝わってきた。そんな副島さんという人物に、是非会ってみたい」と強く感じ、副島が山本のところに訪ねてくることになった。

「二〇〇四年二月七日の午後三時、あの時の副島さんの顔は、今でも忘れられない」と山本は書く。

「おお、山本さんか」と第一声を発した副島を見て、すぐに近くの喫茶店へと案内した。座ると同時に、副島は話を切り出した。

「それから約六時間、熱っぽく語る副島さんの話から、刑事事件を起こした障害者たちの置かれている現実を、まざまざと思い知った。刑務所から出所した身寄りのない障害者の多くが、行く当てもなく、再び軽微な罪で塀の中に戻ってしまっているという。刑務所の中で共に過ごした障害者たちの顔が脳裏に浮かび、胸が痛んだ」

この後、山本は東京都の障害者施設「八王子平和の家」の支援スタッフになる。

「(その後)福祉関係者や弁護士グループとともに、『触法・虞犯障害者の法的整備のあり方検討会』を立ち上げることになる。メンバーはすべて、副島さんという存在を通して知り合えた人ばかりだ。検討会は、二〇〇六年に『罪を犯した障がい者の地域生活支援に関する研究』と名称を変え、以降、法務省や厚生労働省にさまざまな提案を行なってきた」

この山本の働きかけと、石川が触れていた田島良昭がリーダーとなって、地域生活定着支援センター創設が制度化へ向けた動きとなった。「こうして振り返ってみると、出所後のわたしにとって、『社会への扉』を開けてくれたのは、まぎれもなく、副島さんというひとりの人物であったように思う。（略）。この恩に報いるためにも、しっかりと副島さんの遺志を継ぎ、障害のある受刑者たちの『社会への扉』を、さらに大きく広げていきたいと考えている」。

更生とは何であるか。それを支援するとはどういうことか。山本の文章はそのことをよく伝えている。副島は、図らずも山本の更生を支えた。社会のなかで自らの役割が認められ、誇りを取り戻し、それがその後の人生を支えていく。ことばにすればこれだけのことであるが、その葛藤がどれほどのものだったかは、是非『続獄窓記』（ポプラ社・二〇〇八年）にあたっていただきたい。

村山正司「カネを払って弁護士を雇え」

次は朝日新聞記者の村山正司。「カネを払って弁護士を雇え」という、刺激的なタイトルが付された追悼の文章を、次のように始めている。

「副島洋明弁護士をかつて佐藤幹夫氏に紹介した。いつだったのかは思い出せない。副島弁護士も佐藤氏も古くからの知り合いだが、なぜ紹介することになったのかも忘却の彼方だ。ただ、相当に心配したことは記憶に残っている」

浅草事件の裁判の傍聴に入る前から、わたしにニュースレターや関連資料を送ってくれていたのが村山だった。公判が始まると副島とは休廷のたびに喫煙室で顔を合わせていたが、しばらく話しかけられずにいた。ある時、恐る恐る取材依頼をしたところ、即座に断られた。「あなたも相当個性的な人のようだから、わたしとはぶつかると思う」というのがその理由だった。その後、わたしは村山に、間に入ってくれるよう依頼したのだった。

「懸念を佐藤氏にどう伝えようか、とかなり考えて、電話で『あなたとはイデオロギーの違う人だから、くれぐれもケンカしないでほしい』と告げた。おそらくその数年後にあたる二〇〇五年に佐藤氏から、副島弁護士が主要な取材先であるノンフィクション『自閉症裁判――レッサーパンダ帽男の「罪と罰」』（洋泉社）が送られてきた時、中身の見事さに感心した――何かの賞が出てもよいと思った――のと同時に、どうやらケンカにはならなかったようだとホッとした」

わたしは副島の取材の断りに一時腐りかけていたが、どれくらいしてからか、「今度、浅草事件の集会を開く」と教えてくれた。取材ＯＫなのだと勝手に判断し、出かけて行った。たしか中野だった。これが突破口になった。石川が初めて登壇し、かりいほのことを知ったのもこの時だったし、副島と伴走する大石や福祉関係者と知己を得るのもこの集会がきっかけだった。

ここまでは前置きである。村山の「カネを払って弁護士を雇え」は、福祉に対する副島の基本的な姿勢に触れたもので、含蓄のある指摘がなされている。

「福祉だけでなく社会問題に取り組む弁護士には、昔も今も一定のイメージがある。一言で言えば、清貧。貧乏しながらも弱者に献身的に尽くす人権派。副島弁護士も世間からはそう思われていたようだ。

副島弁護士におそらく最後に会った〇九年初頭のパーティー（東京・鶯谷で事務所を再移転した記念だったか）で、登壇した一人が『カネにもならないのに、知的障害者のために尽くし……』

というようなスピーチをした。即座に盟友の大石剛一郎弁護士が『副島先生はちゃんと稼ぐところで稼いでいます』と訂正した。清貧ではなかったのだ。

副島事務所の帳簿を見たことはない。また、知的障害者やその親からどれくらいの弁護料を取っていたかも知らない。ただ、一九九二年に身体障害者施設オンブズマンの記事で初めて取材したころから副島弁護士は『社会運動で弁護士のもち出しに期待するのは間違っている。市民はカネを払って弁護士を雇うべきだ』とくりかえし語っていた」

わたしも、同様のことを何度か聞いていた。村山は続ける。

「九〇年代初めは、社会福祉制度の基本は『措置』で、『権利』を強調する介護保険も導入されていない。NPOなどというものもなかった。恩恵的な福祉観がまだ強かった時代に、偽悪的にすら見える副島弁護士の主張は新しい、とわたしは感じた。

『カネを払って弁護士を雇え』。ここには、副島弁護士のいくつかの主張が込められているように思う。一つは、市民や弱い立場の人間が、カネを払うほど自立してほしいという願い。もう一つは、当事者は弁護士ではなく、あくまで雇う側であって、その当事者性の象徴がカネだという思想」

これは卓見だと思えた。さらに村山は書く。

「副島弁護士がなぜ日本人の嫌うカネということばを口にして主張するようになったか、聞いたことはない。ただ、背景には、日本でもそのころ広がりを見せていた身体障害者の自立生活運動があるだろう。この運動のポイントは、単に施設から出て地域で暮らすことではない。(資金がどこから出るにしろ）自分の生活は自己が決定し、身体の介助もカネを払って介助者を雇うほどに自己を確立することにある。自己決定権ということばは、日本ではいろいろな源流をもっているのだろうが、その一つはここだ。副島弁護士の足跡は、障害者の自立への強い願いを下敷きに理解される必要がある」

なるほど、という思いだった。自立生活運動の知的障害者版である「ピープル・ファースト」の世界大会を、村山は副島と視察したことがあった。九三年夏のカナダで、自立生活運動のグループが主催したツアーに休暇を取って参加したのだという。

「マイクの前に立って、堂々と主張する欧米の知的障害者を見た衝撃は忘れられない。副島弁護士はここで、知的障害者も自己決定できると確信したのではないか」

村山の文章には続きがあって、「自立への強い願い」ということばが、『知的障害と裁き』への的確な批評となって、わたしに届けられているのである。部署替えのため、村山は副島と行動を共にする機会はなくなっていた。ニュースレターは送られており、大きな事件への集会にはときどき顔を出していた。そのなかで村山は、副島が「難しいことを言い出すようになった」と感じ、その一つが「悪い障害者」だった。

「そのニュアンスは、後に少し変わったように思う。障害者にある種の『聖性』をまとわせ、良い障害者なら助けるが悪い障害者は助けない、となりがちな健常者（支援者）の身勝手を糾弾するトーンが強くなった。善悪の仕切り線が揺さぶられていた。

わたしはそこまで難しく考えることはないのでは、と感じていた。弁護士は裁判に勝つことが第一のはずだ」

わたしは、いわゆる「人権派」弁護士からその先へ進み出ようとしている、というように受け取っていたのだが、村山の理解は違っていた。ここからが拙著への批評になる。

「そもそも『カネを払って弁護士を雇え』にも、主体性を確立してほしいという副島弁護士の『善意』が含まれている。旧来の福祉関係者の思考から抜け出ているとはいえ、保護と自立の身をよじるような相剋は残る。そこを突っ込みすぎると、福祉という概念が崩壊し、無用論や無関心に向かいかねない。ただ、さまざまな面で過剰だった副島弁護士は、裁判の勝ち負けのほかに、福祉業界のロゴスに突っ込んでいかざるを得なかったようだ。

佐藤氏の『自閉症裁判』『知的障害と裁き』は、副島弁護士の弁護の特徴と問題点をよく描き出していると思う。『思う』というのは、わたしは実際に副島弁護士の法廷を傍聴したことはなく、ニュースレターからの判断だからである。

千葉東金事件で、被告が副島弁護士を拒んだ理由が『それまで生きてきた自分と向き合わせること』だったという佐藤氏の指摘もたぶん正しい。しかし、それは佐藤氏の言うような『保護性の強いスタイル』なのか。副島弁護士からすれば、『自立への促し』だったのではないか。それを客観的には、『きわめて福祉的』というのだとしても」

もちろんわたしに異論はない。宿題とすべきたくさんの示唆がある、と感じるからである。少しだけ補足するならば、『知的障害と裁き』に、次のようなことを書いた。

福祉と司法の連携の難しさ

近年の大きな特徴が、福祉と司法が相互乗り入れをしながら、障害をもつ加害者・被疑者段階の人、刑事被告人や受刑者、出所者を支援しようという政策上の転換があることはすでに書いたが、こうした変容も、ここに記述した流れの一環にある。その事情をざっくりと述べてしまえば、次のようになる。「知的障害・発達障害」をもちながらも、福祉支援につながっていない、人間関係が断たれ孤立している、経済的に困窮状態にあり、住まいさえ保障されない、安心できる居場所がない、働く場所がない。こうした条件は、犯罪へといたるリスク因子になる可能性が高い。これをどう解消するか。――このような基本認識のもとにさまざまな取り組みをなしていこう、という考え方はほぼ現場で共有されつつあると言ってよい。

そして、では福祉と司法とが相互乗り入れをすることで、問題は解決するのか。受け皿となる現場がいまもっとも苦慮していることは、相乗りすることによって必然的に孕んでしまうジレンマによるのではないか、と書いた。

「端的に言ってしまえば、福祉は『社会的弱者の権利の保護』を目的とし、司法は『社会的逸脱者・法益の侵害者への非難と科刑』を目的とする。弱者の何を保護するのかと言えば、自らの力では難しい『生活と生命の維持』、さらには『自由と権利と尊厳』を守ることである（具体的にはそのようなもののはずである）。そしてどんな自由と権利を行使するか、何が自己の尊厳であるか、その決定は当事者自らがおこなう、という理念が広く浸透しつつある。

一方、科刑と矯正は、『自由と権利』を、そして生活をも剥奪し（制限を加え）、『尊厳』を著しく制約し、時には生命までも奪うことで、その目的を果たそうとする。善し悪しではなく、そうしたベクトルをおのずと内在させている。

したがって障害をもつ犯罪加害者への支援とは、ベクトルが逆向きの〝志向性〟を自ずともたされてしまっているということになり、たぶんこれが、現場がかかえるジレンマであり、難しさの理由ではないかと思う」

「司法と福祉の連携」の難しさに触れた六年前の文章である。この課題は、本書第Ⅲ部のテーマとして前景化していくことになる。

（＊1）掲載は『飢餓陣営』42・二〇一五春号（編集工房飢餓陣営・発行）。

（＊2）千葉東金事件については、「軽度知的障害」と言われる人の課題や本質に、まさに直面した事件だった。その難しさがどこにあるのか。『知的障害と裁き』の第一一章「弁護団への取材から」で、大石剛一郎弁護士へのインタビューを掲載しており、大石の談話はここからの転載である。この事件は、当初誤認逮捕（冤罪）が疑われた事件であった。有罪前提で情状を中心に争うか、有罪／無罪を争うか、弁護団は、最後まで迷ったという。そして情状中心の弁護になったことで一〇年ほど刑期が短くなったのではないか、と大石はいう。

「正直に言うと、浅草事件の『無期懲役』という判決は、わたし自身にとってはトラウマで、すごく重く罰せられてしまったという印象が強いのです。あの事件をああいうふうに争う（時間をかけて被告人に真意を問い質し、責任と反省を自覚する場としたこと」ということは、あれはあれでよかったとわたしは思います。今回もあのような争い方しかないのであれば仕方がないのですが、それにしても浅草の事件は、すごく重く罰せられています」(『知的障害と裁き』二〇一三年・岩波書店)

この発言は少なからぬ衝撃であった。有罪無罪の争いがあるかもしれないとき、それを選択するためには重罰も覚悟しなければならない。法廷証言(防御)が知的な障害によって十分でないときの刑事弁護の難しさ、ジレンマをよく伝える大石弁護士の証言だった。

第八章　「自閉症スペクトラム障害」を初めて正面にすえて闘う
――二〇〇五年大阪寝屋川事件で少年の「障害」はどう裁かれたか

二〇〇五年・大阪府寝屋川市の小学校教師殺傷事件

前章で二〇〇一年の浅草事件を取り上げたさい、弁護団は「自閉症と責任能力」の問題を前景化させなかった、と書いた。実は、まったく触れなかったわけではない。十一元三・崎濱盛三両医師による論文、「アスペルガー障害の司法事例――性非行の形式と動因の分析」（『精神神経学雑誌』二〇〇二年第七号）を、証拠資料として提出している。

この論文は、従来の責任能力概念の尺度を、自閉症・発達障害の加害者たちにそのまま適用できるのか、新しい概念の枠組みの再考が必要ではないか、と問題提示している内容であった。この主題は「自閉症スペクトラムと刑事裁判」という領域にあって、いずれ大きなテーマになっていくのではないかと考えていたのだが、早い機会にそれはやってきた。

『自閉症裁判』の上梓が二〇〇五年三月。直前の二月に大阪府寝屋川市で起きた、一六歳の少年による小学校教師殺傷事件である（以下、寝屋川事件）。加害者となった少年は起訴前と公判にあって鑑定を受け、広汎性発達障害と診断された。診断した医師は前述の十一元三。十一は公判にあって弁護側証人として立ち、この疾患（障害）がどのようなものか、また司法にあって、特に「責任能力」の問題にあってどんな難問を示しているか、という自説を強く訴えた。弁護団（主任弁護人は第一章の岩佐嘉彦。岩佐もまた早くから、「障害と刑事裁判」の問題に取り組んできた弁護士だった。他に平野恵稔、上将倫。いずれも「大阪子どもの権利委員会」のメンバーで、取材に入ってすぐ、ある大手新聞の記者が、「三人とも子ども問題のスペシャリストで、今回の裁判がこの三人でだめなら、いまの大阪ではそれ以上いかんともしがたい」と述べたのが印象的だった）は、十一の自閉症理解に依拠するかたちで弁護を展開した。「自閉症スペクトラム障害と責任能力」というテーマが初めて正面から問われた少年事件の裁判だった。

結論めいたことを先に述べてしまえば、ずいぶん以前のことになるが、東京都小平市に国立精神・神経医療研究センターを訪ね、医師の方々に話を伺う機会を得たさい、松本俊彦より次のような趣旨の発言があった。

「刑事事件と広汎性発達障害というテーマをめぐっては、専門家のなかでも統一見解がなく、議論が二つに分かれてしまう。まさに、ここは盲点のようになっている」という。専門の医師たちにあっても、見解が二分されるほどの難問である。そのことを広く知らしめたのがこの事件であった（＊1）。

前後するが、寝屋川事件の概要をお伝えしておこう（第Ⅰ部で取り上げた大阪平野区の実姉刺殺事件の加害者も、同じ自閉症圏の障害をもつ。比較してお読みいただきたい）。

〇五年二月一四日、寝屋川市内のある小学校に、一七歳の卒業生が元担任を訪ねて来た。対応に出た男性教師を突然背後から包丁で刺し、死にいたらしめた。少年はそのまま職員室へ向かい、女子教員、栄養士の二名にも重傷を負わせ、その場で現行犯逮捕された。逮捕後の鑑定で広汎性発達障害と診断されるが、家庭裁判所から検察庁への送致、いわゆる逆送となった。二〇〇〇年の少年法改正のときに成立した、「一六歳以上の少年による殺人事件は原則逆送」という新たな規定が適用されたもので、それを受けた検察官は起訴し、成人と同様の公開の裁判となった。

殺意の有無、動機をどう考えるか、少年院か少年刑務所かという処遇の問題等が大きな争点となった。〇六年九月、無期懲役が求刑され、一〇月には懲役一二年の判決が下された。検察、弁護側、双方控訴となり、控訴審では一五年の判決が下され、刑が確定した。

鑑定をした京都大学医学部の十一元三の証人としての論旨をまとめれば、広汎性発達障害とは、本来ならば「生得的に備えていくはずの〝対人相互性〟を、生来的に備えて」おらず、そのことをどう考えるか。この特性が、犯行行為のあり方や動機にどう関連するか。処遇を考えるにあたってどんな留意をしなければならないか、といった内容が中心であり、それが公判での争点となった。

生活歴と、犯行当日の加害少年の感情の動きもその一つだった。少年は中学二年より不登校となり、自宅でテレビゲームやインターネットに没頭し、ときにダークサイト（死体写真や猟奇殺人、ナイフなどを扱う専門のサイト）に関心をもつようになった（これはすでにSOSの発信である）。劣等感と被害感情の増幅により精神的に不安定となり、思春期外来へ通院。不安定な状態は断続的にくり返され、特殊な気分（統御不能な心理状態）に襲われるようになった。一月一日両親に相談。「すべてがどうでもいい気分」「何かを仕出かしてしまいそうで不安」と語っていた。一月一四日の事件当日、「うつろな気分になった、朝から女性のことばかりを考えていた」といい、昼過ぎに「『○○先生、刺す』ということばが浮かび」、そのまま銀行へ行って貯金を下ろし、包丁を購入し、午後二時ごろになって学校を訪ねた。「うつろな気分」をどう考えるか、重要な争点となった。

拙著で十一証言の詳細が採録されているので、是非そちらをお読みいただきたいが、「広汎性発達障害と責任能力」について、概略、次のことが述べられた。

前述したように、通常は「生得的」なものであるはずの「対人相互性」（感情交流や情緒の共有）が、広汎性発達障害の少年にあっては社会感覚として内在されていないことが多い。事件当日に陥った「うつろな気分」と、そこにいたるまでの特殊な感情は、この「対人相互性」が内在されていないことが深く関与しているが、当日の一連の行動とどんな結びつきかたをしているか、そのメカニズムについてはいまだ科学的解明にはいたっていない。

このような事態にあるとき、これまでの「責任能力概念」をそのまま適用することは妥当ではなく、新たな問題を提示しているのではないか、というのが十一証言の趣旨であった。この論点は、処遇先（判決）が少年刑務所か少年院か（刑罰か保護処分か）という問題に直結し、どちらが教育効果が高いかは言うまでもないことで、少年は少年院で、発達障害についての専門的知見をもつ教務官のもとで教育を受けるべきである。十一はこのようなことを述べた。

「自閉症スペクトラム障害と司法」の難しさはどこにあるか

それを受けた弁護団は少年院への移送を求め、検察官は無期懲役を求刑した。判決は懲役一二年。

裁判長は弁護団の主張を採らなかった。しかし判決を示した後、「なお、処遇について、特に当裁判所の意見を申し述べる」と加えた。わたしなりにまとめて概略を紹介する。

被告人は深刻な広汎性発達障害を有している、専門的理解を身につけた教務官のもとで処遇しなければ効果は現れにくく、個別的な処遇が重要であると述べ、次のように加えた。刑罰は行為に対する責任を科せられるものであるが、一人の少年を真の意味で更生させ、再犯を起こさせないようにすることも刑罰の重要な目的である。少年刑務所においては適切な処遇が行われること、被告少年が犯行の重大さと、被害者及び遺族に与えた苦しみの深さを心の底から感じられるようになることを当裁判所は強く希望する。

主任弁護人だった岩佐は、保護処分相当という自分たちの訴えが入れられなかったことを批判しつつも、次のように述べた。

「動機の部分もそうですが、判決全般にわたって、彼が広汎性発達障害をもっていることについて、かなり意識して書かれた判決だと思っています。結論部分についての不満はありますが、動機や殺意を認定していく上で、彼の認知の特性については慎重に考えながら判断をしていった。このことは率直にそう思っています。最後の処遇意見も、一方では無責任だとも言えますが、書いている内容は的確です。その意味では、彼の発達障害について、検討して書いた部分はあると思います」

岩佐も述べていたように、間違いなく苦慮の伺える判決であった（＊2）。

二〇〇七年一〇月、大阪高等裁判所の判決をもって刑は確定した。大阪高裁は原審判決の懲役一二年（求刑は無期懲役）を破棄し、懲役一五年を言い渡した。少年法では、成人の事件における無期懲役に相当すると判断した場合、一五年から十年までのあいだでの緩和量刑を選択できるが、大阪高裁は、限りなく無期刑に近い量刑を選んだことになる。以下は、その時に書いた私見である（＊1）。

これまでの少年事件の審判は、実質上〝法の弾力的解釈と運用〟によって特徴づけられてきた。このことは成人の刑事裁判のように、法を犯行行為に照らして一律に適用することよりも、事件の背景や要因、生活環境、更生の可能性、身元引き受人や帰住先の調整など、加害少年の個別事情への配慮を示そうとするものであった。その結果が、少年審判における保護主義とか温情主義とか言われてきたものである（わたしはこれを、少年法における教育法的・福祉法的側面と呼んできた。前章で「保護的」と書いたところである）。

原則逆送の制度によって裁判となったとき、少年審判の基本的な考え方はどこまで受け継がれるのだろうか。「自閉症スペクトラムと裁判」という難しさに加え、少年法の改正はさらに難問を加えることになったのではないか。少年審判の理念を強く訴える弁護側、あくまでも成人同様の法にのっとった刑事罰の適用を主張する検察側。このようなねじれた図式が現れているのではないかというのが、傍聴席での印象だった。弁護が少年審判の様相を色濃くするということは、情状を強く訴えるということである。つまりここでも、通常の刑事裁判の枠組みと、「障害特性」への配慮という情状性を強く訴える弁護、という先に指摘した図式が現れている。

くり返すが、一審判決は、難しさへの苦慮をよく表していた。しかし高裁の判決は、少年審判の

〝弾力的解釈と運用〟を斥け、少年の事件であっても成人の刑事裁判と同様の（あるいはそれ以上の）、厳密な法解釈とその運用を貫くべきであり、アスペルガー症候群・発達障害という被告の特性も、多くの情状の一つにすぎない、というメッセージをはっきりと打ち出したものだ、そうわたしには理解された。

弁護団は判決後の記者会見で、「高裁の判断は、法律上の枠組みだけに従った形式的な解釈に終始した」と述べたのだが、こうした性格がはっきりと現われたのが、発達障害を判決のなかでどう位置づけるかという点だった。それが原審判決と高裁判決との明瞭な相違だった。さらに、次のようなことも述べた。

少年刑務所が少年院よりも処遇環境が劣る、では足りない、少年刑務所には処遇環境として弊害があることがはっきりと認められなければ、保護処分は選択できない。これが、大阪高裁が示したロジックだった。少年刑務所の処遇に関する弁護人の主張は「少年刑務所の現状に反するか、過度に消極的な評価である」と斥けた。

このことを書きつけてから、すでに一〇年近い歳月が過ぎている。司法は、自閉症スペクトラム障害への理解を、どこまで深めているだろうか。あるいは現在、少年の刑事施設（成人も含め）は、更生に資する場所たりえているだろうか。二〇一六年には再犯防止推進法を策定するなど、処遇改善をさらに推し進めようと法務省はさまざまな施策を打ち出している。少年院もその教育内容を充実させ、研究の成果が著書という形で公開されていることも目にしている（＊3）。

自閉症スペクトラムをもつ人の体験世界をどう見るか

国を挙げて〝再犯防止〟を推進しようとするのであれば、一連の刑事手続きや裁判のあり方にも目を向け直し、司法が自閉症スペクトラム障害・発達障害に対して、適切な理解を向けることが出発点となる。では、彼らはどのような体験世界を生きているのだろうか。

児童精神科医の滝川一廣は、拙著『一七歳の自閉症裁判』を読み、「あくまでも本から読み取った限りでの」という留保を付けながらも、次のような感想を残している（＊4）。浅草事件の被告青年と比べ、この少年の分からなさには戸惑いやもどかしさが付きまとうと言い、十一元三が述べた「生得的に備わるべき対人相互性に」を、いかにも滝川らしい言いかたで次のように語っている（ここは滝川発達論・自閉症論の要である）。

「少年のほうも、法廷で訊かれたことに『わかりません』の答が目立ちますね。ごまかしやとぼけではなく、正直、『わからない』と答えています。『わかる（分かる）』とは『分かちあえる』ことです。ある事柄が『わかる』とは、その事柄に対するとらえが共有できるものになるってことですね。たとえば、ある物体を見せられ、『これがわかりますか?』と訊かれたとします。わたしはその物体をちゃんと知覚的に観察して、どんな姿かたちや性質のものか、自分なりに『知る』ことができます。でも、それだけでは『わかる』とはいいませんね。（略）『わかる』とは個人の脳内での孤立した了解ではなく、他者との間での社会的・共同的な認識を指すのです」

「分かる」という分かちあい（共有）は、人との関係に介されてはじめて発達が可能となる。関係の遅れは、「分かる」（分かちあい）に遅れをもたらす。「分かる」とは「脳内での孤立した了解」ではなく「社会的・共同的認識と共有」であり、自閉症スペクトラム障害とは、そこに遅れをもつ人びとのことである。これが関係発達の遅れとか、社会性の遅れというものの内実を指す。さらに滝川は少年の知的能力（知る力）の高さに触れ、次のように言う。

少年は関係発達の遅れを抱えながらも、もち前の知的な力で代償しながら発達の道を歩んできた。「分かる」という「分かち合い」ではなく、「単独で知る」というやり方で世界や体験をとらえてきた。しかも自分（だけ）の知力に拠っているため、オリジナルで自立性の高いとらえ方になり、一般には理解できにくい孤立性の高いとらえ方に傾く。この特徴が、周囲に「わからなさ」（共有のできなさ）をもたらすという。そして続ける。

「人に頼ることを知らず、自力で『知る』こと（だけ）を頼りに独りやってゆくって大変でしょう。そのため、この子どもたちはいつも高い不安や緊張を強いられています。でも、ほかに道がなく、その無理ある体験世界を懸命に生きているのでしょう。そのため、この子らにとって『知っていること』と違うことはたちどころに不安緊張を高め、安全感を脅かすのです。前にお話しした理由で、もともと基本的信頼に十分に支えられていない子どもたちですね」

それゆえに「いじめ」が深い恐怖体験や外傷体験になり、妄想体験となる。それは生々しい感覚性や情動性を帯び、大きな混乱を伴い、言語では表現不能なものである。ことばにするように求められても、「わかりません」としか答えられない。少年は、「普通の高校生になって青春を謳歌したい」と、いくつかのトライアルを試みるが、いずれも挫折する。わたしは、クリニックで知り合った「Aさん」という女性との出会いが、とても重要なものだったのではないかと指摘しているが、滝川は次のように分析してみせた。

「うつろな気分」に関連する重要なところであり、長くなっているがさらに引用する。少年は、交際を断られる。その後襲った少年の「うつろな気分」を、滝川は以下のように読み解いていく。

「少年のいう『うつろな気分』が出没しはじめたのは、Aさんとのわかれを意識しはじめたときからではないでしょうか。これもよく『わからない』ものですが、おそらく強い離人症状というか解離に近い心理現象だったような気がします。体験からリアリティ（実感）が切り離されてしまうのが精神医学でいう『離人』ですね。ただふつうの離人とはちがい、『しる』というかたちで少年がこれまでにとらえてきたもの、つまり『自分のなかにあった価値観、すべての事柄に対する解釈』のリアリティが崩れて（解離して）、底知れぬうつろさだけが残る現象だったようです」

加害妄想は誰にでも生じる。しかしそれを実行から隔てているのは、人による支え（分かち合い）と、巡り合わせや「運」によって守られているからだ、とも滝川は言う。そして「被害者の方への哀悼はもちろんながら、わたしはこの少年へも同情の気持ちを禁じられませんでした」と感想を結んだ。

自閉症スペクトラム障害の少年や青年たちが、どんな体験世界やこころの世界を生きているか、最良の理解が示されている。裁判員裁判という場で、このような深い理解を求めるのはないものねだりになるだろうが、くり返してきたように再犯防止や更生は、彼らの生きている世界をよりよく知ることがまずは重要になる。誤解や偏見、無理解のなかに置かれたまま、再犯をするな、更生しろ、といわれても、それは届かない。わたしたちの方も、彼らをよりよく理解するために歩み寄る必要はないか。そのことを伝えたいために、長い紹介となった。

なぜ重大事犯を取り上げるのかという問いには、第Ⅰ部の最後に答えておいた。では、なぜ「知的・発達障害と犯罪加害」というテーマをわたしがことさら取り上げるのか。「自閉症スペクトラム障害のひとびとは、犯罪に手を染めやすい」という誤ったイメージを流布するのではないか。そのような批判も受けてきた。寝屋川事件の後、「アスペルガー症候群」という診断名は、少年犯罪を報じるメディアにおいてタブーとされた。

わたしは実際にある編集者にそのように指摘されたことがあるし、別の著者も同様のことを語っていた。「アスペルガー症候群ということばは使えない」。自己規制をかけたのが捜査側なのか、弁護人なのか、あるいはメディアの判断なのかは分からないが、以降、報道ではタブーとなった。タブーはブラックボックスを作る。ブラックボックスのなかでは、無理解と偏見をチェックできなくなる。第Ⅰ部の大阪地裁判決の原因をそこにだけ求めることは、短絡かもしれない。

ではどのように報じればよいのか。第一一章で登場していただく、立川市の多摩の森綜合法律事務所の中田雅久弁護士は、次のように述べた（＊5）。何のために診断名を取り上げて報じるのか、報道機関や書き手のポリシーが見えないような取り上げ方や、不安や誤解を煽る報道は好ましくない。これははっきりしている。

「しかし事件検証の中で、障害があることによって本人がどう追いつめられて事件にいたったか。

その意図やスタンスが明確であれば、報道機関やジャーナリストとしての目的や使命を果たすうえで、診断名にまで踏み込んで報じるのは問題ないと思います。単に障害名を伏せるとか、隠せばいいというものではないですね」

わたしはこの意見に同意する。そのような意図を明確にしながら、『自閉症裁判』以降の仕事を書き継いできた。

孤立をどうしたら防ぐことができるか

もう一つだけ触れておこう。支援には、動かしがたい基本的なセオリーがある。わたしは『一七歳の自閉症裁判』の「文庫版のためのあとがきに」次のように書いた。

「事件取材を続けてきて改めて痛感することは、『孤立』をどうしたら防ぐことができるかということだ。『自立』と孤立は異なる。自立とは、自分が生きていくために必要な、ひととの『つながり』を作っていくことだ。寝屋川の少年も浅草で事件を起こした青年も、自立したいと強く望みながら、孤立し、その果てで、傷ましい被害者を生んでしまった」

浅草事件の取材中に自立支援法を読んだ時、ここで言われている「自立」は、「孤立のすすめ」ではないかと思えた。加害青年は、学校のOB会のつながりも、福祉も拒んだ。そして「自立」をひたすら願った。結果、どうしようもない「孤立」のなかで生きることを余儀なくされていった。

このことは、一〇〇人以上の卒業生たちを送り出していたわたしにとって、痛恨の思いを残した。「助けてほしい」と言わないことが「自立」ではない。「助けてほしい」としっかりと伝えられることが「自立」だ。そのようなことを、わたしは彼らに伝えただろうか。『自閉症裁判』のなかで、その痕跡を少しだけ書き留めておいた。そして『一七歳の自閉症裁判』には、はっきりとそう記した。

「自立は孤立ではない」。この考えは、いまでは多くの支援者に共有されている。昔、新米教員だったころ、高等部のある教室の黒板の上に、「自立して社会の役に立つ人間になろう」と大きな字で書かれた「学級目標」が張られていた。わたしは違和感を覚えたが、それがなぜか、どこから来るものか、突き詰めることをしなかった。自立支援法を読んだ時、これだったか、と思い当たった。教育も福祉も、長い間、自立ということばに託して、実は「孤立のすすめ」を語ってきたのではないか。

誰がどう考えても動かしがたい〝支援の基本的なセオリー〟の一つ目は、「基本的信頼関係」をどうつくるか。信頼できる「ひと」の存在の重要さ。二つ目が、安全で安心な「居場所」。そして三つ目が、社会にどうつながることができるか。これらを言い換えれば、「孤立をどう防ぐか」。ここに絞り込まれていく。

ただし、このセオリーをどう実際のかかわりのなかで実現していくかは、言うほどたやすいことではない。とくに「障害と犯罪」という本書のテーマに登場するような人たちは、大きな困難を抱えながら生きてきた人たちである。「社会的受け皿」と一言で言うことはたやすいが、時間をかけた粘り強い取り組みは不可欠になる。次章は、どこも福祉の引き受け手がなく、最後にたどりつく居場所となっている現場の取り組みを報告してみたい。

（＊1）松本の発言は、拙著『一七歳の自閉症裁判』（二〇一〇年・岩波現代文庫版）の「岩波現代文庫版あとがき」に収録されている。

（＊2）本文でも記しているが、ここからどれほど「後退」した自閉症理解となっているか、第Ⅰ部で記載した大阪地裁の判決と比較していただきたい。

（＊3）『現代日本の少年院教育――質的調査を通して』（広田照幸・古賀正義・伊藤茂樹編・名古屋大学出版会、二〇一二年）。後藤弘子が「はじめに」で、「少年院での矯正教育は、いかなる意味で『教育的営み』と言えるのか、そして、実際にそういうものとして機能しているのか。その確信を長いこともてないでいた」、「本書はわたしがこれまで抱いてきたそうした疑問に答えてくれるものである」、と書いている。

「しかし、〈教育という〉その営みがどのようなものかについて、これまで外部の視点から考察されることはほとんどなかった。それが今回、外部の視点、しかも教育学の視点で考察されて、少年院での矯正教育は教育であったことが、改めて確認されたのである」

（＊4）滝川一廣インタビュー・聞き手佐藤『こころはどこで育つのか　発達障害を考える』（二〇一二年・洋泉社新書y・絶版）を参照。

（＊5）中田へのインタビューは、『飢餓陣営』48号に、「『治療的司法』とはどんなものか」と題されて収録されている。

第九章　更生支援、まずは支援者こそ発想の転換を

――「ふるさとの会」の生活支援と司法との連携

吉間慎一郎の著書に触れて

「なぜ、支援者から変わらなければならないのか」という文言は、吉間慎一郎の著書の帯コピーのものである。吉間は若き法曹家であり、生活困窮者問題や更生支援にも通じている。吉間が『更生支援における「協働モデル」の実現に向けた試論』（LABO）というタイトルの著書を著したのは、二〇一七年一一月。「再犯防止をやめれば再犯は減る」とサブタイトルされているが、わたしが長いこと滞らせていた本書の構想を再開し、執筆に踏み出すことができたのはこの著書によるところが大きかった。

本論を見ると、吉間は、自分がこれまで更生支援の現場における調査やインタビューを続けてきて、そこには共通点があるとし、次の三点を取り出している。

「伴走者の存在」「人間関係の改善」「相互変容」。吉間は、支援者ではなく「伴走者」を用いているが、それは「関係の改善」や「相互変容」が、更生支援の（対人支援全般での、と言ってもいい）重要な概念になる、という認識ゆえだろうと思う。そして支援における「相互変容」という発想の転換がどのようなものか、「協働モデル」ということばに託して考察が加えられていくという筋道

が、吉間の著書の基本骨格である。文字通り我が意を得たりであった。

さらに驚いたことは、わたしがこれまでかかわり、その支援論を作るための学びの場を提供してくれていた、前施設長石川恒の「かりいほ」と、「ふるさとの会」のふたつの現場を取り上げてくれたことだった。吉間は、両者は「同じ姿勢を共有している」と的確に把握し、「協働モデル」の格好の実践例として紹介してくれていた。

まとめながら引かせてもらう。「協働モデル」とは、支援するものとされる者が「相互変容という学習プロセスに身を置き続け」、「社会が歓迎する能力や価値観を押し付けることはせず、対話を通して社会の在り方やこれまで正当視されてきた支援の在り方を問い直し」、当事者の人間関係を充実させることでさまざまな可能性を開いていく、そのような支援のあり方だとされる。そしてさらに一般化し、次のように定義づける。

「すなわち、協働モデルとは、伴走者と当事者とのゆるやかな関係性を基礎として、互いの『無力さ』や『弱さ』を受け入れて『自分から変わる』という実践を当事者の家族や友人、職場の人びと等の第三者を巻き込んで行っていく相互変容過程である。この定義は、伴走者が『自分から変わる』という実践を通して当事者の人間関係を改善に導き、当事者が立ち直りへと歩んでいくことを示したものである。したがって、立ち直りとは、変容し続けることである。その意味で、立ち直りは当事者にも、伴走者にも、そして社会にも必要なのである」

強く同意したい。たしかに、先の二つの場所においては、社会復帰のためのスキルの獲得やそのプログラム作り、という発想は採らず、本人自身が自己や他者や世界とどう折り合い信頼を回復し、「生き直し＝回復」を果たしていくか、そのための当事者と支援者の関係をどうつくっていくか、ということを模索しつづけて来た。そのことをまとめたのが「かりいほ」と「ふるさとの会」の支援論（生活支援論）である（＊1）。そうした立場からすれば、吉間の考察は、我が意を得たりという以上に、自分たちが何をやろうとしてきたか、逆に気付かされた。

本章は、特定非営利法人自立支援センター「ふるさとの会」の生活支援と、更生保護法人同歩会をめぐるルポルタージュとなる。

ふるさとの会の取り組みの概要

ふるさとの会もかりいほ同様、支援をめぐって変容を重ねてきた法人である。事業規模を量的に拡大させてきた、というにとどまらず、支援の多様な在り方とケアの質的向上という点でも変容を重ねてきたと言ってよい。

ふるさとの会は一九九〇年、生活困窮者（ホームレス）を支援するボランティアサークルとして出発し、創業者の水田恵が中心となってNPO法人「ふるさとの会」を立ち上げ、いまではオールラウンドな支援を内容とする事業体になっている。その流れの中で、「更生支援」を目的とした「更生保護法人同歩会」の立ち上げとなった。

現在の活動を一言で言ってしまえば、障害や疾病・年齢・性別・ニーズを問わず、「必要な人にとっての必要な支援」の提供ということになる。重篤な人、いわゆる支援困難な人にあっても受け入れる、ということを基本的なマインドとしており、その中心が「支援付き住宅の提供」である。

いわば「支援」と「住宅」というソフトとハードが、ここでのキーワードとなっている。提供される「住宅」のあり方や住まい方は、一人一人の実状に応じたものとなる。「支援」もまた同様である。それはどのような関係づくりを必要とするものか。どの制度や法を、どう使えば利用者（当事者）一人一人に応じた適切な住まいの提供が可能となるか。あるいは、この「住まい」にはこうした支援がぜひとも必要であるが、それを裏付ける制度や法的根拠がないときに、このような新しい制度を必要とする、といった制度提案も、ふるさとの会の重要な取り組みの一つだった。

日本のNPO立ち上げの生みの親ともいうべき都市研究家の山岡義典と、高齢介護福祉の理論的支柱である高橋紘士の二人が中心となって、「支援付き住宅の制度提案のための勉強会」を、この一〇年にわたって続けてきた。

一方「支援」については、ふるさとの会の創設者である水田恵と、保健師であり、保護司の資格ももつ的場由木が中心となり、「相談室事例検討会議」として、やはり一〇年以上にわたって月に一度の勉強会を重ねてきた（わたしは、こちらの会議に出席する機会をもらっている）。この事例検討会議に、一度、同歩会の常務理事である秋山雅彦と事務局の田辺登に出席してもらい、同歩会立ち上げの経緯と現状と課題などについてのプレゼンをしてもらった。本章前半は、それを取りまとめての報告となる（まとめと文責は佐藤）。やや専門的な内容となっており、読みにくいかもしれないが、いってみれば「司法と福祉の連携」の福祉の現場からの報告である。

「更生保護法人」とはどんなものか

まず秋山雅彦の報告から。

更生保護事業は、ふるさとの会の主たる活動だった生活保護受給者の支援や、障害をもつ人の福祉支援とは異なる制度のフレームや根拠法をもつ別業種の事業である。なぜふるさとの会が更生保護事業に参入するようになったか。通常の福祉ではほとんど触れることのない内容になるが、更生保護事業にとって重要なところであり、少しばかりお付き合い願いたい。

二〇〇二年にホームレス自立支援法ができた。これは二七年までの時限法で、〇四年には「ホームレス地域生活移行支援事業」が始まる（通称三〇〇〇円アパート事業と言われた）。移行支援事業のさい、刑務所を出た人がホームレス状態になったときにその人を支援する、結果として出所者にふるさとの会がかかわる、というケースはあったし、その取り組みは現在も継続されている。秋山は言う。

「受刑者の現状を明らかにした山本譲司さんの『獄窓記』の出版が〇三年。ホームレスが受刑者になる過程を追った佐藤幹夫さんの『自閉症裁判』が〇五年。同歩会を立ち上げるのは〇八年から〇九年で、〇九年は、南高愛隣会が地域生活定着支援センターを始める年です。一方で、PFI（官民協働刑務所）の『島根あさひ社会復帰促進センター』が大林組と組んで始まるのが〇八年。これは山本譲司さんがかかわっていましたので、ふるさとの会も大林組と一緒にやろうという流れが〇八年頃から出てくるのですが、そのとき生活再建相談センターを立ち上げたのです」

刑務所から出た後の再犯防止となるよう、法務省が求めてきたのだという。

「しかし、同歩会とふるさとの会の基本的な姿勢は〝再犯防止〟ではなく、身寄りのない高齢の満期出所者が、まずはホームレスになることを防ごう。そういう取り組みです。東京都が『地域生活定着支援センター』を始めるのが二〇一一年ですから、まだ定着支援センターは始まっていない時期でした。それまでは、刑務所と直接やり取りをする窓口も、情報交換をするための窓口もない。出所者の個人情報に関することなので、更生保護施設と保護観察所しかタッチできない領域でした」

このことが、障害、貧困、単身、高齢といったハンディを抱える出所者が、支援に結び付くときの高いハードルとなっていた。

「そこで、更生保護事業に参入することで、刑事施設にダイレクトにアプローチをしたらどうか、そのために、法務省の領域である更生保護法に基づいた事業体や法人を作ろう、更生保護事業をしようと、生活再建相談センターの運営委員〔ふるさとの会の水田、秋山等スタッフ、大林組の顧問だった山本譲司など〕で、話し合っていったのです」

生活再建相談センターが、更生保護法人同歩会へと発展する。日本で最初の、更生保護施設をもたない更生保護法人の誕生だった。

「同歩会が更生保護法人になったことで、各保護観察所や刑務所とダイレクトにつながることができるようになった。しかし、更生保護施設のほうからは、直接刑務所に『お客さんはいませんか』ということはできない。あくまでも刑務所にいる人から、『仮釈放になるが帰るところがないから支援をお願いします』という依頼があり、刑務所から保護観察所や地方更生保護委員会に回り、そこから更生保護施設にという流れです。

同歩会を立ち上げるときに、一番目の継続保護事業である更生保護施設もできると言われたのですが、こちらは採らなかった。二番目の一時保護事業を採り、同歩会はこの、保護観察所から保護施設へという流れを取り払ってしまったのです」

これは同歩会の最大の特徴ともいえるものだが、新たな流れを作ったことには賛否を含め、さまざまな議論があったという。

「一時保護事業は法務省からの委託費は出ません。ボランティアです。でもその代わり比較的自由に、刑務所に直接『お客さんはいませんか』と交渉することができるのです。PFI刑務所ができ、更生保護法人を作ったことで、ダイレクトにPFI刑務所との交渉ができるようになった。それまでこんなことはできなかったのです。刑務所に連絡すると、刑務所の職員さんが驚きます。『ほんとに保護観察所を通さなくていいのか』と確認されますし、保護観察所も驚きます」

同歩会が刑務所と直接やり取りできるようになったことを受け、ふるさとの会では、同歩会経由でつながる出所者の受け皿として「自立準備ホーム」を運営することにした。

「こちらは保護観察所に登録すれば、法人がもつ空き部屋や空きベッドで運営可能です。始めたのは平成二三年、二〇一一年ですね。更生保護法人が運営する更生保護施設は、全国で二三五一名定員で、一年に三回転から四回転させています」

一方、二〇〇〇年代の初め、年々、刑務所に入る人が増え、〇六年には最大になり、受刑者全体で五万から七万人くらいだった。それ以降、六万人から八万人まで増加し、過剰収容だと言われていた。ところが、更生保護施設の数は減っていた。

「近隣住民から反対運動が起き、新しく作れなかったのです。古くなったものを建て直すので大規模修繕をしたいというだけで、住民から反対運動が起きるほどでした。そこで法務省は、出所者でホームレスになる人の支援、というところに着眼しました。ホームレス支援をしているＮＰＯが運営しているベッドを、自立準備ホームとして保護観察所に登録してもらい、満期出所する人を引き受けてほしいということでつくったのです。いま三七五の施設（平成二九年四月時点）で一五二四名の委託実績、となっています」

細かな点にまで触れてきたが、ここまでの要点をまとめておこう。

『獄窓記』以後、高齢、障害、身寄りのない、多数の受刑者の存在が明らかになり、厚労省と法務省は地域生活定着支援センターの設立に向かう。ふるさとの会ではそれ以前に山本譲司の働きかけを受け、同時期に開設されたＰＦＩ刑務所の受け皿として生活再建相談センターを立ち上げ、更生保護法人同歩会へと発展させた。同歩会の受け皿となるために、保護観察所に登録し、空き部屋や空きベッドで運営可能な更生保護施設「自立準備ホーム」を立ち上げる。これが突破口となり、刑事施設とのダイレクトの交渉や情報交換の道が開かれた。二〇一一年のことだった。

どんな人たちが対象となっているか

教育、医療、福祉、心理、介護といった領域で日常的に支援に携わる人々にとっても、「更生保護」という領域はなじみのない話題だろうと思う。「更生支援」の仕組みを考えていくうえで避けて通れないところでもあり、専門的な説明が続くが、もう少し報告させていただきたい。秋山は続けた。

支援を受けている人を「対象者」といい、刑事施設から出た人は大きく二つに分かれ、一つが「更生緊急保護対象者」。起訴猶予、執行猶予、罰金科料、労役、満期釈放となった人たちで、裁判官や検察官が、もうこれ以上、裁判にかけない、刑務所には入れない、お金を払ったら釈放、というように刑期を終えた人たちである。

「本来ならその時点で『一般市民』になるのですが、行き場所がなくて色々と困っている、再び罪を犯してはいけないということで、一時的に、住まいやお金を貸したりあげたりする。そういう対象者を『更生緊急保護対象者』といいます。刑務所から身体拘束を解かれたところで、半年間を超えない範囲で、本人の意思に反しない限りで保護を行う。措置ではない。本人からの意思があること、期限は半年以内、と決まっています。この更生緊急保護対象者の人たちを、自立準備ホームに委託しようということになった」

現在、自立準備ホームの運営やそこで生活する利用者への支援をどうするか、事例検討会議にとって重要な課題となっている。半年以内という限られた中での支援であること、従来の中心だった高齢者支援から、一〇代から五〇代、六〇代というように広い年齢増にわたること、生活支援のなかで就労支援をどう位置付けていくかなど、事例検討会議のなかでも再三話題となってきた。

秋山は続ける。もう一つのカテゴリーを「保護観察対象」といい、こちらは増加している。

「少年で保護観察処分になっている人、保護観察付きの執行猶予判決が出ている人、いま制度が変わって、刑の一部執行猶予される人〔第一二章・一三章を参照〕、仮釈放で出ている人、こちらを『保護観察対象者』と言います。『保護観察対象者』には、『指導・監督』と『補導・援護』という二つを行います。支援ではないのです。あくまでも指導・監督と補導・援護で、指導・監督は『保護観察官または保護司をして行うものとする』とあります。

補導・援護に関しては、更生保護事業法の規定により、『更生保護事業を営むものまたはその他適当なものに委託して行うものとする』とされています。『適当なものに委託』ということで、保護観察所に登録した自立準備ホームの職員や法人が委託を受けて行うわけです。だから『指導・監督』ではなく、『補導・援護』という形でしかできないのです。制度上、緊急保護対象者は六カ月、保護観察期間の人は保護期間が期限となります。生活保護のように本人と契約ではなく、あくまでも保護観察所からの委託という形ですから、本人との契約ではないのです。

最初は二週間、食費援助付きで委託を受ける。観察機関です。トラブルを起こせば、もう委託は行なわない。ふるさとの会の側は『では出て行って下さい』ということになります。本人のほうから委託を取り下げることもある。委託を続けて受ける人は一カ月単位での委託延長になり、本人から『ここにいつまでいられるのか』と言われても、『分かりません、観察所が決めます』という答えになります」

二〇一六（平成二八）年度の、ふるさとの会の自立準備ホームに保護観察所が委託した平均日数は、八一・五日。他の更生施設もほぼ同じ日数だという。社会福祉事業は六カ月に満たない事業を社会福祉事業としては認めないことになっているが、更生保護事業である自立準備ホームでは、二、三カ月でほとんどの利用者が退所になる。退所後は、住み込み就労、三割が生活保護受給者、一割が失踪・所在不明ということであった。

秋山によれば、最近、傾向が変わってきたという。

「同歩会を作った時には、受刑者は過剰収容で八万人ほど。毎年刑務所に入る人が三万人いて、三万人の受刑者が出所していく。自立準備ホームをつくったころから収容人員が減ってきていま す。今は全受刑者が五万三千人くらいです。三割くらい減っているわけです。身元引受がなく、満期釈放で出る人が三万人の半分ほどで、出るとすぐ『はい、さようなら』ですから、行き場のない困った人は近場の駅付近の食堂で無銭飲食をして、捕まって、またすぐに刑務所に戻っていく。そういう人もいたのです。

ところが一〇年たって、満期釈放の人はもっと減って、一万五千人から、いま九千六百人くらいになっています。仮釈放の人はあまり減らずに一万五千人くらいです。自立準備ホームをつくったり、更生保護事業をやってホームレス予防をしたりして、対象を満期釈放の人にしていたのですが、そこが減ってきたわけです」

満期釈放の人は更生緊急保護の対象になり、先ほどの「本人からの意思があり、半年以内の期限」、と決まっている人が更生保護施設に来なくなった。

「出所者の支援を『出口支援』といい、二〇〇〇年半ばごろから南高愛隣会も定着支援センターも、満期釈放の人を福祉につなぐ、地域につなぐということで出口支援をやってきたのですが、それが減ってきた。次は『入り口支援』だということに変わっていった」

「入り口支援」はふるさとの会も行うようになっており、スタッフも、幾例か情状証人として法廷に立ったケースがある。

「罰金科料とか、保護観察付きで執行猶予がついた人とか、そちらに支援対象を変えていったわけです。制度が変わり、『刑の一部猶予制度』ができたことも大きいです。これは薬物依存の人は再犯率が高いということで、服役したとしても出所した途端に再犯をしてしまう。薬物乱用防止プログラムを刑務所でいくらやっても、すぐに再犯をしてしまう。懲役刑は効果がないんじゃないか。だったら社会内処遇と言って、社会の中で矯正プログラムを受けることを義務付けて、そちらで処遇しようというのがこの制度です。そんなこともあって、最近は入り口支援の方に対象が変わっています」

法務省は社会内処遇に力を入れていく姿勢を見せている。刑務所も統廃合され、黒羽刑務所も二年後には廃止、松山刑務所西条支所も廃止、名古屋刑務所の豊橋支所が男性の交通刑務所だったのを廃止して、女性刑務所へ転換しようとしている。万引きをくりかえす高齢女性の受刑者が増えているための措置だった。

「刑務所全体の規模を小さくして、社会の中で医療プログラムを受けるとか、薬物の人は依存症支援団体のダルクに行くとか、社会内処遇を条件に、刑務所に入れないようにしますという方向に進んでいます。逆に刑務所にいながら、外で仕事をして、終わったら刑務所に戻って来る。あるいは逮捕拘留になって矯正プログラムを受けなければならないが、刑務所ではなく更生保護施設に入って、そこで受けなさい、更生保護施設に入ってもらうけれども、夜間は門限があるから、夜間だけは外出禁止にしますよ。そういう方向に変えていこうという動きになっています」

秋山はさらにこんなことも述べた。

「山本譲司さんがもっている不安は、福祉が刑事施設化しないかということです。ふるさとの会の立場から言えば、地域社会の中で刑罰の実施を進めていこうというのがこれからの流れですから、更生保護事業と困窮者支援事業をやりながら、社会内処遇のいろいろなケースの人とのかかわりが増えていくわけです。そのときかかわり方（生活支援）がどうなるか、それがふるさとの会のこれからの課題になっていく気がします」

この認識は、相談室の事例検討会の場においても共有されていた。

同歩会の活動内容と更生支援の現状

同歩会では、平成一九年から三〇年一二月三一日まで、述べ一〇五〇名の依頼があった（依頼元の詳細やその数は省く）。そのうち、ふるさとの会で身元引受をしたのは七一〇名。他の社会資源につないだのは三四〇名である（内訳は、就労支援が一一名、病院や保護施設は八五名。相談・助言のみが二四四名）。身元引受をした七一〇名の内訳は、自立準備ホーム入所が五〇九名（うち、法人内での雇用が五二名、就労自立が一六四名）、他は独居支援六五名、共同生活支援一三六名となっている。平成二三年六月から三〇年一二月三一日までの、ふるさとの会の自立準備ホームの実績を示しながら、事務局の田辺登は次のように述べた。

「罪名は、困窮状態から窃盗・横領（49・0％）、住居侵入（8・1％）、暴行（8・1％）、詐欺罪（7・6％）、拾得物横領（4・9％）が多く、合わせて70％以上を占めます（昨年だけだと75％以上）。最近増えてきたのが、覚せい剤・薬物（8・5％）と性犯罪（4・9％）で、一年前より5％ほど増えています。これは最近、利用者の変化が事例検討会でも話題になりますが、このことにつながっていく話だと思います。また年齢別を見ると、ときどき若い人が増えたという話になりますが、平均すればあまり変化はないようです」

四〇代五〇代の人が派遣切れになり、ネットカフェで寝泊まりをしているうちに困窮、換金目的で万引きをする。懲役にいたらずに執行猶予になる。そういう人が増えている。入居前の居所は、矯正施設（42・3％）、路上（18・9％）、更生保護施設等（23・4％）、ネットカフェ等（5・7％）、その他となっている。さらに田辺は言う。

「この一〇年を見て退所先は、アパート転宅（27・4％）、就労先転宅（20・9％）です。ふるさとの会（12・3％）、親族・知人宅（8・8％）、更生保護施設（4・5％）、矯正施設に逆戻りという人もここ一、二年増えてきている気がしますが、5・5％います。自立支援センターに行ってもらう人も増えていて、一〇年の統計では5・15％ほど。残念ながら失踪される方もいて、知的障害のボーダーの方が突然いなくなるパターンが目に付き、12・8％になります。

就労関係では、『再犯防止は就労支援から』という法務省の掛け声（＊2）もあって、協力雇用主に支援金が出る制度も始まりました」

法務省のホームページに「刑務所出所者等就労奨励金制度」が紹介されている（法務省と厚労省の共同事業）。正確な情報はそちらをご覧になっていただきたいが、都内で三〇〇ほどの協力雇用主が登録されている。田辺は続ける。

「就労先を見ると、建築土木（43・4％）、運送配達（16・9％）、製造業（7・9％）清掃業（5・6％）、営業（4・1％）、ふるさとの会（6・0％）、飲食店（5・2％）、娯楽業（3・4％）、その他となっていますが、ここ数年で多様化しています。ハローワークも熱心に取り組んでくれるようになりました。更生保護施設、矯正施設が管轄区にあるハローワークには『更生保護担当ナビゲーター』が配置されています。ハローワークすみだの管轄区が墨田区、葛飾区であり、すみだの職員が東京拘置所に出向いて、懲役刑の人に就労支援（ハローワーク登録や職業相談）を実施しています。同歩会自立準備ホームも、更生保護利用者ということで、ハローワークを利用可能です」

以上が同歩会と自立準備ホームをめぐる現状だった。

「ふるさとの会」が支援している人たち

ふるさとの会の一連の取り組みは「再犯防止」ではない。出所者が路上生活に落ち込むことを防ぐための「生活困窮者支援」であり、自立準備ホームに入所した利用者の「生活支援」である。加えて就労支援であり、ここにはケア付き就労から始まるいくつかのステップがある。これらの内容を充実させるために一〇年の歳月をかけて、「生活支援論」を創り上げてきた。「再犯予防」や「更生支援」はあくまでもその結果である。

ふるさとの会全体の利用者像を見てみる。

ほぼ全員が何らかの「障害」と呼ばれる状況を、重度軽度にかかわらずもっている。困窮のために住まいの安定を欠き、路上生活を長く続けてきた人も多い。利用者の過半がアパートや宿泊施設へ移行しても、短期間で転々とさせられたり、ふるさとの会にたどりつくまでの間に親兄弟・夫婦子どもなどの家族と絶縁関係になる、近隣や職場などでの人間関係を破綻させてしまった、そういう人たちである。虐待、金銭問題、犯罪、薬物やアルコールへの依存、暴力・いじめに関与し、複数の深刻な被害体験をもち、強い自殺念慮を抱える人も少なくない。他の事業所からは拒まれ、最後の拠り所としてふるさとの会へ回されてきた、という利用者たちである（行政からもそう認識されている）。

くり返しになるが、精神・知的・発達障害、認知症、脳血管障害の後遺症による身体障害、虐待やDV被害の後遺症、HIV、犯罪加害、薬物やアルコール依存症、がん末期、自己破産、家族の破綻と離散、人生のほぼすべての難題が、事例検討会には取り上げられてくる。きわめて重篤な困難を抱えた人たちがふるさとの会の支援対象者であり、そのような人たちをどう支援するか。できるのか。スタッフ達の粘り強い議論がくり返され、その議論のなかでも特に重要で困難度の高いケースが、事例検討会議にあげられてくる。

その要点をまとめておこう。

●ふるさとの会が行う「生活支援」は、全スタッフが共有する「対人援助論」(『「生きづらさ」を支える本』)に基づいて、日々なされている。このまとめはいわゆる「マニュアル」ではなく、支援やケアの基本的な考え方と姿勢についてまとめられたものである。論議の主体はあくまでもスタッフ自身であり、日々の取り組みのなかで感じたこと、考えたことが議論の中心となる。

●この支援論は「基本的信頼関係(二者の関係)」の構築から始まり、もう一つの柱は、利用者相互の関係、「互助関係」である。対話によって利用者自らが「交流」や「互助」を作り上げ、居所を自分たちで生きやすい生活空間にしていくことがめざされる。言い換えれば、利用者は支援されるだけの存在としてそこに「いる」のではなく、自分の人生を、自分自身が主役として「生きる」ことが、それぞれの目標となる。

●ふるさとの会ではそのためのサポートが目指されるが、近年重要視されていることは、利用者の人生の「物語」を共有し、再構築するという協働作業である。スタッフにとっても利用者にとっても、「対話」は自身の変容のための重要なツールである。そこに「いる」ことが誰からも迫害されず、赦され、居住場所の中で人とつながり、役割を担う存在になる。そして自己の回復を果たしていく。これが、ふるさとの会の「生活支援」の大まかな道筋になる。

水田恵（前代表）の支援論

水田恵前代表の言うところに耳を傾けてみる（＊２）。

「まず我々の事業目的です。『認知症になっても、がんになっても、障害があっても、家族や金がなくても、地域で孤立せずに最期まで暮らせるように』。これは、我々の基本テーマです。『地域で孤立せずに最期まで』というところが、我々の一番のミッションです。人間は、これまで生活してきたところで亡くなった方がいいのではないか。地域で生き、地球で生活をし、人とのいろいろな交流を行い、人間関係を作り、その延長上で最期を迎える。わたしはそういう死に方ができればと思います。とくに単身困窮で高齢の方が、地域で孤立しないで最期まで暮らせるように、というミッションが我々の最大の願いです」

衣食住を安定させ、スタッフとの信頼関係をつくることで安心生活を提供できないか。そこから出発したふるさとの会が、「地域で孤立せず最期まで」を目的とするケアチームへと変貌してきた。

またこんなことも水田は言った。

「高度成長期には、働けば楽になる。働けば金持ちになれるし、家の一軒はもてる。そうやって働き続けてきたけど、金持ちにもなれず、家も家族ももつことができなかった方ばかりです。そして社会のレールからはじかれてしまった。しかし、そんな社会であっても、生きていくためにはその外には出ることができない。しかし社会にいてもだんだん食えなくなる。残るも地獄、去るも地獄です」

去るも地獄、残るも地獄のようなところで生きてきた人たちが、人生や生活を少しでも変え、自分のことは自分で決められるようになる。自分の人生の主役は自分自身であると知る。それが、ふるさとの会の生活支援だと水田は言う。

「認知症や精神疾患をもったホームレスは、社会と福祉から二重に疎外されてきました。不安定な生活を強いられ、精神科病院や刑務所が居場所となっていく。そうか、とわたしは思いました。我々が考える生活支援の根っこは、犯歴があれば、なぜ彼は犯罪をしたのか、医療拒否があればなぜ拒否するのか、なぜ支援を拒否するのか。そう考えて寄り添ってほしい。そんな暇はない、業務が多いからそんなことはできない。それが専門家の言い分だということは分かる。だから生活支援の我々がいる。昔は家族がやっていたことを我々がやっているのです」

これはふるさとの会の出発点であり、全体の基本的なマインドである。人間も社会も激しく変化する時代のなかで、どう変化に応じた支援論としてさらにきたえ上げていくか。スタッフたちの議論は日々続けられている。

（＊1）的場由木編著・佐藤幹夫監修『「生きづらさ」を支える本　対人援助の実践的手引き』（二〇一四年・言視舎）。

（＊2）法務省は「10の再犯防止アクション宣言」として、以下を重点的施策として取り出している。1）国による犯罪をした者等の雇用等の推進や協力雇用主の受注の機会の増大　2）犯罪をした者等の特性に応じた指導や修学支援の充実　3）地方再犯防止推進計画の策定等の促進　4）民間協力者の確保　5）地域社会における居場所の確保　6）一層効果的な入口支援の在り方の検討　7）薬物事犯

者の再犯防止対策の在り方の検討　8）更生保護事業の在り方の検討　9）再犯防止活動への民間資金の活用の検討

法務省ホームページより　http://www.moj.go.jp/content/001242825.pdf

（＊3）水田恵「『ふるさとの会』の取り組みと対人援助論」（佐藤幹夫編『飢餓陣営せれくしょん1　木村敏と中井久夫』二〇一四年・言視舎）所収、初出は『飢餓陣営』39号。

第Ⅲ部　司法と福祉の協働が新たな「人権侵害」とならないために

第一〇章　福祉の仕事は「再犯防止」か

――「更生支援計画書」の誕生、ある社会福祉士の危惧

第Ⅲ部は、「司法と福祉の協働的支援」の現状と課題がテーマとなる。まずは、一人の社会福祉士に登場していただく。

原田和明と更生支援計画

二〇一八年一月三一日付で、日本社会福祉士会会長あてに、「法務省法制審議会で議論されている『捜査機関への社会福祉士配置案』に対し公益社団法人日本社会福祉士会として断固反対の立場を表明することの公開要望書」という、長いタイトルの書面がWEB上に公開された。差出人には四人の社会福祉士名が記載され、中に原田和明の名前があった。分かりにくい文言になっているが、原田たちが「断固反対」をしているのは、「捜査機関」への社会福祉士の配置についてである。いわば司法の側からの福祉への連携の要請、と見てもよいはずなのだが、なぜそのことが「断固反対」でないといけないのか。これが本章のテーマとなる。

以下、本題に入りたいが、障害をもつ被疑者・被告人の、連携・協働による「入り口支援」にあたって重要な役割を果たすのが、「更生支援計画書」である。これをフルに活用しながら司法と福

祉の連携を図ることは、昨今の主流になりつつある。「更生支援計画書」の始まりがどのようなものであったか、最初に紹介してゆく。先走って書くならば、いま述べた原田たちの「断固反対」の理由と、「更生支援計画書」の存在は、めぐりめぐって連動している。

二〇〇九年四月、NHK教育テレビの収録のための取材で、原田を兵庫県西宮市に訪ねた。当時、相談支援センター「であい」の所長をしており、原田はすでにこの時期から、知的・発達障害をもつ人びとが、刑事手続きにあって大きな不利益を蒙ることのないよう、被疑者段階の支援や裁判支援に取り組んでいた。弁護士や施設職員、行政と連携し、起訴猶予となったり執行猶予がついて釈放されたりした後も、多職種の福祉職が一貫した支援を続ける、そのことを公判時に情状として訴える、という活動だった。地域生活定着支援事業が「出口支援」として始まろうとしていたのが同年である。この時、原田と弁護士の谷村慎介（後述）は、すでに「入り口支援」にも目を向けていた（＊1）。

取材は、初日に原田へのインタビューを、二日目は、終日原田の行動に同行させてもらった。同行中、絶えず携帯電話に連絡が入っていた。聞けば、弁護士からの協力要請だったり、トラブルの渦中にある本人からの相談だったり、福祉関係者からの支援要請という内容だった。同行取材は、執行猶予中の女性が入所している施設を見学し、本人にも会うことができた。女性は、週に一度、近隣のある場所に実習に通い、施設スタッフ、原田、弁護士などの面接を受けるなど、社会復帰の準備がなされているとのことだった。このとき、障害に詳しい弁護士として谷村も同席していた。

彼らの先見性は瞠目に値するが、原田は裁判支援にあたってかなり長い「情状に関する意見書」や、Ａ４版23ページにも及ぶ「支援計画書」を作成し、裁判所に提出していた。支援書の内容は、事件の概要、事件にいたった経緯、成育歴等や、家族関係について、再犯可能性についての福祉的見地からの意見、アセスメントの結果、生活の基盤となる社会資源の検討などの各項目が、詳細に考察されていた。これは原田と谷原のオリジナルな着想によって始められたものだった。

わたしは二〇一八年一一月二八日、再度の取材を依頼し、更生支援計画書がどんなふうにして考え出されたのか、原田に訊ねた。

「いわゆる『入り口支援』のようなことをやりだしたのは、〇三（平成一五）年ですね。その年に、朝日新聞阪神支局で起きた赤報隊事件（＊２）が時効になったのですが、その直後、支局長の自転車のサドルに火をつけた人がいまして、それがたまたま知っている作業所の利用者さんだったのです。所長さんが相談に来たので、じゃあ知り合いの弁護士を入れて一緒にやりましょう、というので依頼したのが、以前、ＮＨＫの取材で来てもらったときに紹介した谷村慎介弁護士です。現在、身柄拘留されている、起訴されるようだ、間もなく裁判になるからどないしようか、というときに、谷村さんが支援計画のようなものを書いたらどうだろう、と言ったのです」

それはいい考えだが、支援計画書は誰が書くのかということになり、自然と原田しかいないだろうという話になった。

「『どんなことを書くんか』と聞くと、『いや分らん、自分で考えて書いたらええねん（笑）』ということで、自分が書くことになった。器物損壊事件だったのですが、何を書くか、書式をどうするか、全部自分で考えました。それから書式は少し変わっていきましたけど、ほぼ一緒です。何かを参考にしたわけではなく、我々が書いてきた福祉の支援計画がベースになっていますが、それをもとに、裁判だったらこんなふうに書いたらいいんと違うか、という感じで書きました」

その時弁護を担当したのは谷村で、原田が情状証人として出廷した。

「NHKと佐藤さんの取材があった時期に、更生支援計画書の形が一応作られたといっていいでしょうね。二〇〇九年です。その後、初犯や再犯の人の相談がたくさん入るようになって、二〇一〇年から一一年がピークになりました。本当に、『ちょっと書いてみたら』という感じで始まって、どういうイメージにするかは谷村弁護士とも話し合いましたが、内容についての詳しい話はしていなくて、支援に一緒に入っている同業者の人たちに見てもらったことはあります」

更生支援計画書を書くような刑事事件に、これまで何件くらい取り組んできたろうか。

「少年院へ行ったり刑務所へ行ったりするケース、入り口で起訴されるもの、不起訴のもの、刑務所に入って出てきたんだけど、しばらくたって相談があったケース。全部入れると延べ人数は、かなりの数になると思います。今でも毎年二人、三人とやっています。意見書とか更生支援計画書だけでも膨大な数になりますね。ひょっとしたら入り口支援関係だけでも百くらいあるかもしれません」

これが、新しい情状弁護の柱の一つとなる更生支援計画書が誕生する経緯だった。

なぜ「更生支援計画書」が必要だと感じたのか

谷村慎介は刑事弁護人としての立場から「更生支援計画書」への着眼について述べてくれたのだが、そのやり取りのなかから、まず原田と連携するようになった経緯を尋ねた。

「原田さんは、日本で初めて更生支援計画書を作成した方ですが、言われてみればわたしが、日本で最初に更生支援計画書を発案し、作成を依頼した弁護士ということになるわけですね。きっかけは、障害があることをお涙頂戴的に情状で訴えるという刑事弁護の伝統に反発するとともに、情状立証の一つである更生可能性について裏付けるものがないか、ということだったと思います」

〝お涙頂戴の刑事弁護〟を、わたし自身は傍聴したことはないが、どんなものかおおよその想像はつく。(かつて裁判所が知的障害をもつ人にどのような眼差しを向け、どんな対応をしていたかは、副島洋明が書いていた通りである。そんななかで副島の弁護方法がいかに突出したものだったか)。原田の描いた支援計画書の中で、わたしが入手している限りで最も古い日付をもつものが〇三(平成一五)年である。(ちなみに大阪でこの領域の主導者である辻川圭乃が、「障害のある人を守る司法制度を作るために」というサブタイトルをもつ『実録刑事弁護』を刊行するのが〇六年である)。

谷村はさらに、「支援計画は実行されてこそ意味があるのだ」と強調した。ことば通り、その後、谷村自身が計画の実現者となって取り組んでいく。しかしその過程で受け皿探しに疲れ、自分自身で受け皿を作ることを決断し、いったんは弁護士を辞めた。しかし個人での取り組みには限界があり、三年前に更生保護の分野から遠ざかったのだという。

さらにわたしは次のことを尋ねた。「お涙頂戴的に訴える刑事弁護への反発」「更生可能性についての裏付け」について、具体的に教えていただきたいことが一つ。もう一つは、〇七年から〇八年ごろといえば、まだ「更生」は広く論じられる前だった（当時はメディアも評論家も社会も、事件が起きれば騒ぎ、逮捕されれば騒ぐだけ騒いで一件落着のごとく思いなしていた）。この時期に「更生可能性」に着眼された理由について。さらには、原田作成の「更生支援計画書」を最初に読み、どんな印象をもったか。谷村の返信は次のようなものだった。最初の問いについて。

「障害があることを、いわば前世の報いで、社会的制裁（罰）を受けているのと同じようにとらえたり、障害があるからできない、わからなくて仕方がないので、かわいそうなので、刑を軽くしてほしいというような情状弁護の訴え方です」

過半の弁護士は「知的障害者」とは接したこともなかったろうから、こうした弁護方法になるのかもしれないが、その根底には、当時の多くの弁護士でさえ、彼らに対する差別があったのではないかとわたしは推測する。

二つ目、社会内で更生の可能性があるかどうか。谷村によれば、これは刑事弁護にあっては、執行猶予か実刑判決かの分かれ目として、重要で古典的な情状弁護の立証点だったという。

「知的障害があり、分からない人たち・懲りない人たちに更生は無理、と考えられていたため、それまでは、ハンディがあるので許してやって欲しいという論理にならざるを得なかったのだと思います。そこで、障害者は、障害福祉サービスを利用できることに着眼し、これを活用することにより更生が可能という視点を取り入れました。知的障害について責任無能力を争っても認められることがとても難しく、情状立証を考えたときに、更生可能性が要となるからです」

「障害があるから許してほしい、罪を軽くしてほしい」という受け止め方を脱し、谷村が「社会資源につながることが更生可能性になる」という着眼を得たことが、「更生支援計画書」の必要性を生み出す契機となった。

三つ目は、原田作成の「更生支援計画書」について。

「裁判所に通用するように、ケアマネジメント（ソーシャルワーク）のプロセスに沿った構成としていただき、三段論法を多用するようにお願いした記憶があります。最初の計画書というか意見書というか、メールのやりとりで、赤入れもさせていただいたように記憶しています。こちらからイメージしてオーダーしたものなので、特に感慨はありません。検察官に不同意にされた場合に備え、情状の証拠として提出し、自由な証明なので不同意でも裁判所に採用されるかどうかのほうに関心があったことは事実です」

以降の弁護にあっても論点となるが、「障害」をもつことをどう裁判所が採用する情状とするか。ここが大きな関門だった。

「受け皿」探しの困難

次は印象に残るケースについて。

「わたしは、自分が弁護人として取り組んだケースは、すべて、判決後・受刑後の本人支援にかかわってきました。ＮＨＫで取り上げられた二件のほかでは、西宮市内のある神社の賽銭泥棒のケースがありました。知的障害のある二〇歳代の男性が、作業所の帰りに、神社に寄り、賽銭を盗んだ直後、警察に捕まり、補助人だった原田さんが身元を引き受けました。釈放後、神社側との交渉について、わたしが相談されたケースです」

男性は、賽銭箱ごとひっくり返し、神社の柱や階段も傷つけてしまった。そのため、補修等で二〇〇万円ほどの損害を与えてしまったという。阪神淡路大震災後の神社の補修工事に充てるために寄付を募っていたが、それができなくなった。

「刑事事件として進めるかどうかは、神社の総代会での判断になるとのことで、本人を総代会に連れて行き、作業所での工賃等を貯めたお金（三〇万円くらいだったと思います）を神社に寄付するとともに、謝罪してもらいました。本人は、こちらが求めたわけではないですが、土下座して謝罪していましたね」

訴えるか許すか、総代会では両論あったという。

「神様を祀る神社としては赦しを与えるべきだということとなり、毎週一回、本人に清掃奉仕をしてもらうことでお許しいただきました。再度の被害を防ぐために、神主さんがいるときに本人に清掃してもらうという形です。本人は、その後、きちんと、清掃奉仕を続け、それを神主さんに認められて、別の神社の工事のアルバイトで雇ってもらい、お金まで稼ぐことができました」

谷村は、最初の神主とのやりとりと総代会での謝罪へ立ち合い、神主からの総代会の結果を受けて、示談書の作成をした。本人とは、謝罪の立ち合い時に会っただけだったが、後日談がよいケースとして印象に残っているという。

さらに質問を重ねた。「更生可能性」を情状立証の論点としてもってきたとき、当時の裁判所はどんな受け取り方をしていたか。また他の弁護士の反応はどんなものだったか。二つ目は、弁護人をしながら自身で支援者の「受け皿」探しも担う、という時の苦労についてのエピソード、福祉の側がどんな反応を示したかなど、わたしは尋ねた。谷村からは「わたしのことば足らずで、少々誤解されたのではないかと存じますので、その点だけ、先にご連絡します」として、次のような返信があった。

「『更生可能性』を情状立証の論点としてもってきたとき……、の部分ですが、更生可能性は、古くから、一貫して、情状立証の要です。たとえば、働けなくてお金がなくて物を盗んだのであれば、『今回罪を償った後は、生活保護を受けながら、ハローワーク等に通って働けるようにするために、居住地の福祉事務所に相談します』というのは更生可能性についての情状立証です。

老いた母親が法廷で、わたしの育て方が間違っていましたと泣き崩れるのを被告人に見させて、被告人に更生の決意をさせることも、更生可能性の情状立証です。佐藤さんの仰りたいことは、障害福祉サービスを活用できることを『更生可能性』として情状立証の論点としてもってきたとき、という意味でしょうか」（＊3）

わたしはその通りだと答えた。福祉サービスが利用できることをセッティングし、それを情状の論点として押し出したことを指していた。谷村の返信は次のようなものだった。

「裁判所は、被告人にとって有利な情状の一つとして、一定の評価をしてくれたと思います。検察庁の反応はやや冷ややかで、証拠採用に同意することを躊躇していたと思います。弁護士は、普段から知的障害がある人と関わっている人はほとんどいないこともあり、自分が弁護している被告人に知的障害があること自体を認識していない人が大半であったと思います」

次は受け皿探しについての問いだったが、それがいかに苦労の多いものだったか、谷村は余すところなく、次のように語った。

「障害者施設にショートステイで受け入れてもらっても、問題を起こして強制退所ということが続きました。救護施設での受入れのほうが、犯罪の前科のある人に慣れていることもあり、よい対応だったと思います。

障害者施設に入所するにあたっては、まず、精神科病院に入院させてもらって心身の状況を確認して、それから障害者施設への入所という流れを作るなど、施設側が受け入れやすい条件を整えることに腐心しました。また、障害者施設で何か問題を起こした場合には、年末年始も含めて、速やかに対応しました。地域生活定着支援センターができてからも、センターが調整できなかった事案について、こちらで独自に受け入れ先を探して対応したこともありました」

谷村が原田と連携をしたのは、二つのケースまでだった。以降、谷村は社会福祉士の内田扶喜子との連携となる。

「NHKで取り上げられたなかで、あんぱんまん好きだった加害者のケースは、更生支援計画書を内田さんが書き、証人として出廷しています。またこのケースでは、更生支援計画書を検察官が不同意としたため、計画書を情状鑑定書だと主張して、内田さんを、作成の真正を証するための証人とし、採用してもらいました（この時法的根拠としたのが、刑事訴訟法321条4項だったという）。法的には、ここが一番のポイントでした。つまり、更生支援計画書を、精神鑑定書と同列の専門性があるものに引き上げたということです」

情状鑑定書がどのようなものかは、第二章での高岡健の発言を参照していただきたい。更生支援計画書が精神鑑定書と同等の重みをもつ情状証拠として採用されるかどうか、この論点は現在も引き継がれている。

話を戻すならば、このケースでは内田と谷村が成年後見人となり、刑事手続き上の「補佐人」として対応する、という弁護も試みたという。

「その後の医療観察法のケースでも、内田さんを成年後見人とし、医療観察法上の『保護者』として対応したケースもあります（現在、保護者制度はなくなりましたが）。このように、単なる一支援者ではなく、成年後見人となり、補佐人・保護者といった法的地位を得て、これを更生支援に活用することで、障害者施設やその他の施設の受け入れはよりよくなりました。ところが反面で責任が生じるため、問題が生じた場合の対応をせざるを得ないことにもなり、そのため、強制退院、強制退所に備え、自前の『法外施設』を確保し、そこで、同居して面倒をみることにしたのです」

弁護士が自前の施設を用意し、そこに同居して支援するというケースを、わたしは他には知らない。それまでに前例のないことが過半だったから、たいていのことは自力で開拓していかなくてはならなかった。制度的な整備がなされる以前の、また司法や福祉にあっても広く関心が共有される以前の、「闘う情状弁護」の先駆者ゆえの孤軍奮闘だった。

ソーシャルワークと司法

ここで冒頭に示した、原田たち四名の社会福祉士による「公開要望書」に戻る。内容の詳細は省くが、ここでのポイントを、趣旨を外さぬようわたしなりのことばに言い換えて、次に示したい。

検察庁(捜査機関)における社会福祉士配置の議論がなされていることは、日本社会福祉士会も、早くから知っていたはずである。しかし「捜査機関にとって都合の良い恣意的な判断」が、身柄拘束期間の取り調べと、さらには被疑者・被告人段階でもなされることには問題が生じないか。なぜならば、従事する社会福祉士がとらなくてはならない権利擁護と、確実に相反する事態が発生するからであり、この点は極めて重大な問題である。

社会福祉がとるべき態度は、本人の自律性・自律的判断へのサポートである。しかし司法はそれに相反し、権威であり他律性を本意とする。もし、ソーシャルワークが「権威」となり、公権力を行使するための一部となれば、ソーシャルワークの理念とは解離したものになる。

そうした趣旨の内容が書かれており、昨今の、日本社会福祉士会の動向への強い疑義が表明されている。

この件について感想を尋ねた知り合いの社会福祉士は「この公開要望書を作成した方々には、明文化されているわけではないが、新しい刑事司法というフィールドを見つけて舞い上がっている社会福祉士への警鐘と、その分野を独占しようとしている一部の人たちへの不満が感じられなくもないですね。わたしは、この要望書に全面的に賛成ではないですが、問題意識は共有しています」と語った。

要望書の当事者の一人である原田は、単に職域の拡大のために、検察のソーシャルワーカーとして（本当はソーシャルワーカーではないのだが、と原田は言う）、仕事を求めるのはいかがなものか、と次のように述べた。

「福祉の研究者よりも、刑事政策の研究者の方がよく言うのですが、結局、目的が違うのではないか。我々はソーシャルワーカーなのであって、本人の自立と言いますか、生活支援を行い、本人が社会生活を送れるように自己決定していく支援が我々の仕事です」

日本では、起訴するかしないかの公的権限は、検察官が独占している。これが日本の刑事司法における「起訴独占主義」であり、さらには、情状を考慮して起訴をしないという「起訴猶予処分」を行うことができ、これを「起訴便宜主義」という（ちなみに、これらが「有罪率九九・九％」という刑事裁判の現状を作っており、冤罪を作る土壌となっている、と青木英五郎は『日本の刑事裁判』で書く）。

原田は続ける。

「福祉の支援があり、行き場所があるから不起訴にする、行き場所がなかったら再犯の可能性が高いから起訴する、そんな話のなかで、社会福祉士は〝起訴されないような形での自己決定〟を本人に求めるのか。それはソーシャルワーカーとしては話の筋が違うと思います」

これが原田の、社会福祉士会批判の、論点の一つだった。さらに言う。

「もし本人が『起訴されるんなら施設行きますわ』という自己決定をしたとして、それならちゃんと段取りをして、入った後のフォローまで、地域の相談支援の人と一緒にその検察庁にいる社会福祉士さんはやるのか。それはやらないわけです。以前、神戸地検が社会福祉士会に協力を求めてきたので、その業務内容の文書を見たのですが、本人さんと三〇分ほど面接をして、口頭で更生支援計画について伝え、後ほど書面で上げてきて、そこで終わりです。もちろん起訴するかしないかの判断は検察官ですから、それを書いた社会福祉士さんは、結果は分からないわけです。検察官が後で伝えるかもしれません。でも、その更生支援計画書の通りに支援をするのは誰かと言ったら、検察庁の社会福祉士ではない。その福祉士さんは全然かかわらないわけです。それは話としておかしいのではないか」

以前、ある雑誌の座談会で、地検では「時間がない中で、野戦病院の中のような感じでソーシャルワークをやっているんだ、トリアージなんだ」と、得意げに述べる社会福祉士の発言を読み、「社会的権威」を得た現状を誇るようで、大きな違和感を覚えたことがある。ここは「福祉と司法の連携」の大きな課題だった。むしろ福祉の側の課題だといった方がいい。原田は続けた。

「もう一点は、例えば薬物依存の累犯の人がいる。絶対に起訴されるわけです。その人は、薬を止めたいというニーズはもっている。そのニーズにちゃんと支援を入れるのは誰なのか。刑務所の社会福祉士もそこまでは無理だし、じゃあダルクに任せるのか。それも違う。起訴された後も支援の必要な人はいるわけです」

それから多いのがクレプトマニア（万引き依存症）だという。六八歳、前科七班の女性を、原田は支援したことがあった。常習累犯窃盗罪で原則三年以上の実刑。出てきて一カ月くらいで、再び捕まった。

「『獄死はしたくないから、万引きを止めたい』と言っていますが、間違いなく起訴される。そのあとの支援は誰がするのか。そこがぼくらの仕事ではないか。アフターケアが何もない中で、検察に社会福祉士を付けるというのはどうなのか。起訴か不起訴かだけにかかわる社会福祉士ってどうなのか。だったら出てきた後まで面倒を見てやれよ、という話しですね。むしろ起訴される人の方が支援のニーズは高いのですから」

「社会福祉士は権力をもってはいけない」

原田の見解は正論だと思えた。〝野戦病院でトリアージをやっている〟と誇る先の社会福祉士は、重要なところを明らかにはき違えていた。さらにわたしは、検察は起訴するかしないか、言い換えれば再犯可能性があるかないか、その判断材料を得るためだけに社会福祉士を求めているのかと尋ねた。

「はっきりとそうだとは言いませんけど、この人が再犯をしないで更生するための助言を求めている。再犯防止のため、というスタンスですね。でも再犯防止はぼくらの仕事ではないのです。再犯防止は、法権力の行使ができないとできないのです。ぼくらは再犯をしないように自己決定を促すことはできるけれども、再犯をさせないことはできない。そこをはき違えたらいけないと思っています」

ここに本章のテーマが端的に述べられている。原田は危惧する例として、次のようなことも述べた。刑務所にも社会福祉士が配属されている。しかし受刑者を「お前」呼ばわりをしたり、名前を呼び捨てにしたりして、命令口調の社会福祉士もいる。

「舐められないように呼び捨てにしているのかもしれませんが、でもそれは違うだろう。法務省関係の社会福祉士になると、みんな自分は権力をもった、権威になったと勘違いしている。ソーシャルワーカーは権力をもったらダメなんです。『～～しなさい』、というのはだめなんです。それは我々の仕事ではない。できることは、せいぜい『～～しますか』です。薬物を止めるのも酒を止めるのも、本人の自己決定ではないですか。再犯をしないというのも、本人が自己決定しないと、どうにもならない。検察もそこをはき違えていて、福祉を入れたら再犯が止まると思っている。司法に福祉が入ろうと入るまいと、再犯をやる人はやります」

くり返すが、正論そのものだとわたしには思えた。こうした考えは、社会福祉士にあって多数派か少数派か、どちらだろうか。それが次の問いだった。

「多分、二分されていると思います。社会福祉会の上のほうは、ぼくらとは反対のことを言っていて、賛成している。それは職域拡大が一番大きい。山口県立大学の水藤昌彦教授〔第一三章〕は、それは違うとはっきりと言っています。福祉の研究者の一部、法学の相当数の研究者たちも、おかしいと言っています。慶應義塾大学法学部の太田達也先生など一部の先生は、いや検察庁に社会福祉士は入るべきで、福祉も権力として動くべきと言っていますが、その考えになびいている社会福祉士会はいったいどういうところか（笑）、とわたしは思うんですけどね」

現場で活動している社会福祉士たちはどう考えているのだろうか。

「刑事司法は遠い所にある、と他人事のように考えている人がほとんどだと思います。それが現実です。ぼくらは検察に社会福祉士を置くことを全否定しているのではなく、置くのならばソーシャルワーカーとしてちゃんと機能するようにしないといけない。権力や権威のための助言者ではあかんですよ、ということですね」

さらに質問を重ねた。ソーシャルワーカーが情状証人として立つ情状弁護は、弁護士の間でどれくらい必要性や信頼性が認知されているだろうか。

「弁護士にもよりますが、だいぶ認知されてきていると思います。社会福祉士とコンタクトを取っている弁護士は、社会福祉士に全面的に信頼を寄せていると思います。ぼくは弁護士には、『ぼくらの仕事は刑を減らすことではありませんから』とはっきり言います。公判で言うこともあります。『これこれこれだけのことをしたのだから、責任能力の範囲で、それなりの刑罰を受けるべきだと思います』と、はっきり言います。被害者がいますからね。この人が自立更生するためにこういう支援を用意します、と情状は述べますが、それをどう酌量するかを決めるのは裁判官ですから」

そんなふうに明確に述べるワーカーは他にもいるのだろうか。「もちろん何人かいますよ」と原田は答えた。社会福祉士は権威をもってはいけない、権力をもってはいけない。福祉が対象者との間でもってしまう〝権力性〟への批判。これは積年の課題だったはずだ。「福祉はよいものである」という名のもとに、これまでどれほど障害をもつ人びととの人権や尊厳を、踏みにじってきたか。

福祉が、旧優生保護法の下で果たした役割を忘れるわけにはいかないだろう。あるいは本人の意思を無視した福祉施設への収容が、これまでいかに社会で生きる自由を奪ってきたか。わたしたちが忘れてはいけない課題が、福祉のあり方や姿勢いかんによって、「司法と福祉の連携」という新しい試みの中にも表れることになる。

（＊1）これをまとめたものが、前掲『罪を犯した知的障がいのある人の弁護と支援　司法と福祉の協働実践』（二〇一一年・現代人文社）である。徹底した実務の書で、とくに「第2部　支援・弁護活動の実際」具体的な支援方法が書かれている。読み進めていくと、「闘う情状弁護」ということばが出てくる。本書のタイトルはそこから借用した。その部分を引用したい。

「必要であれば、医療・心理・福祉関係者の証人尋問を申請して、知的障がいとは何か、知的障がいをもって生きることの困難を積極的に立証していく。知的障がいのある人の訴訟能力、責任能力を問い、検察官が提示した事件像と犯人像に対抗し、検察官を敵に回す構えで、知的障がいのある人への理解を求める、いわゆる『闘う情状弁護』を展開するのである」。この部分の執筆者が誰か、銘記はない。

（＊2）一九八七年（昭和六二年）から一九九〇年（平成二年）にかけて「赤報隊」を名乗る犯人が起こした連続テロ事件。朝日新聞の東京本社、阪神支局、名古屋新本社の社員寮、静岡支局他が襲撃され、阪神支局では、記者二名が殺傷されている。

（＊3）本章のテーマからは逸れるのでここに記すが、以下のようなやり取りが、この後に続いていた。わたしが、「大変失礼ながら、『障害者の刑事弁護』というと、すぐに心神耗弱・心神喪失という語をもち出すそれまでの弁護のあり方に、他にやり方があるのではないか、とわたしも疑問を感じておりました（いまもそうですね）」と書いたことに、谷村は次のように返した。

「心神耗弱・心神喪失は、精神障害（知的障害を含む、精神保健福祉法上の精神障害）のある人の刑事弁護では、もち出さないと弁護過誤になりかねないと思います。／と言いますのも、これらが認められれば、必ず、処断刑が半分になったり、無罪になったりしますので、一縷の望みがあり、それにより、裁判が長期化することを本人が納得するのであれば、弁護人の真実義務の観点からも、弁護義務の観点からも、主張立証せざるを得ないと思われます」

精神科医師・井原裕に『精神鑑定の乱用』（二〇一〇年・金剛出版）という著書がある。そこでの主張の一つは、弁護人が「責任能力なし」の主張を、法廷戦術として多用することへの批判である。責任能力論議をここでする余裕はないが、鑑定をする一医師と弁護人がどう考えるか、立場の違いが鮮明に浮き出た議論となっていることが興味深かった。ここをどう考えるか、わたしの今後の課題である。

第一一章　治療的司法と新しい「協働支援」

――排除型の裁判から社会包摂へ

浦﨑寛泰弁護士を訪ねて――出発のころ

述べてきたように、司法では、福祉などの他職種とチームを組んで裁判支援（入り口支援）をしようという動きが、一つの流れとなっている。そうした変化を象徴的に示すのが「治療的司法」であり、いわば「情状弁護」が担ってきた更生支援の側面をさらに方法として洗練させ、より積極的に押し出そうとする刑事弁護の方法である。この章では、都内で東京ＴＳ（トラブルシューター）ネットを作り、こうした刑事弁護を目指す弁護士三名の取材インタビューを紹介していきたい。

二〇一八年九月二〇日、雨の激しい日だったが、東京都千代田区のソーシャルワーカーズ法律事務所に浦﨑寛泰を訪ねた。わたしは副島洋明という刑事弁護人に導かれるようにして、このテーマに足を踏み入れることになった。浦﨑はなぜ刑事弁護を志し、障害をもつ人の弁護に携わるようになったのだろうか。それが最初のわたしの関心事だった。浦﨑は、司法過疎と呼ばれる「離島の法テラス」での活動が弁護士としての原点だったという。それから千葉に移るが、そのころちょうど、裁判員制度が始まったばかりだった。

「裁判員裁判を集中的に担う組織として『法テラス』がありましたので、そこに最初の所長として赴任し、千葉では、ほんとうにたくさんの刑事事件をやりました。とくに裁判員裁判になるような放火や殺人といった大きな事件にも取り組み、事件が一〇件あれば、五件六件は本人や家族に障害を抱えた方がいるとか、福祉的な支援があれば事件にはならなかったのではないか、というケースがありました。

残りの四件五件にしても幸せな家庭はなくて、何らかの支援の欠如といいますか、そういうバックボーンがあって事件になっている。これを福祉の問題と断言できるわけではありませんが、本人や家族に障害があることが背景にあることで事件にいたっている、というケースが少なくなかったのです」

浦崎は自身のホームページに、知的障害があり前科一七犯、人生の半分を刑務所で暮らしている事例を紹介していた。外に出るとロクな暮らしができない、福祉事務所に行っても追い返されてしまう、保護観察所に行っても更生保護施設はどこにも空きがないと言われる。そんな中で男性は一八回目の事件に手を染めてしまう。

「そういう事実を見ると、司法手続きをベルトコンベアーのように延々と続けているだけで、福祉につながっていかないのはおかしいと感じたことが、この問題に入るきっかけです。福祉とのつながりという問題は、千葉での経験が大きかったですね。弁護士としては四年目五年目の時期でした」

刑事弁護に関心をもつきっかけは、〇一年五月、浦崎が大学二年のとき、ハンセン病患者の隔離政策に、違憲判決が出たときの衝撃だったという。

「弁護士が手弁当で事件を掘り起こし、裁判闘争を勝ち取っていく。それが弁護士を志したきっかけです。弁護士の仕事に憧れてこの仕事に就き、いろいろな経験をさせていただくなかで、弁護士のいない離島で働こうと思ったのですね」

人口三万の島の中で、弁護士は浦崎だけだった。高齢者の消費者被害、借金問題の債務整理など、さまざまな相談がもち込まれた。高齢者は被害にあうとまず市役所に相談にいき、役所の相談員や社協の人が連れてくる。これが福祉との連携を意識するきっかけだった。

「島ですからお互い顔見知りで、逆に弁護士事務所は行きづらい。地域に密着した福祉のプロが弁護士につないでくれる。離島で弁護士をやっていると、司法をよりよく届かせるためには福祉との連携が必要だ、とどうしても考えるようになるのです。ですから、島での三年間の経験を通して、福祉専門職との連携を意識するようになりました」

「弁護士もアウトリーチを、福祉との連携を」

浦崎はまた、ホームページに「弁護士もアウトリーチを」という趣旨のことを書いている。おそらく、従来型の弁護活動から広いすそ野に関心を向けていることは、障害を持つ人の刑事弁護へ関心を広げたことと、無関係ではない。浦崎がアウトリーチを考えるようになった経緯について尋ねた。浦崎は、司法修習生の頃、ホームレス支援をしている先輩弁護士に連れられて相談会に行ったことがきっかけだったと言う。

「それがホームレスの緊急シェルターだったのです。多額の借金を抱え、家族を捨てて東京に逃げてきたという方の相談でした。話を聞くと、借金がとっくに時効になっているのです。時効だということが分からないでいた、東京に逃げてきてシェルターに入り、たまたま訪ねて来た弁護士の法律相談を受けて初めて時効だということを知った、もっと早く弁護士に相談すればよかったというのです」

一昔前のことだ。タウンページで法律事務所を探し、電話をして法律事務所に行くのはハードルが高い。

「いろいろな事情からアクセスできない人たちがいる。そういう人たちへリーチするには待ちの姿勢ではいけないことを、先輩弁護士たちから勉強させてもらったのです。だからこそ司法過疎の問題に興味をもって、法テラスができたとき離島に行ったのです。アウトリーチにはいろいろなやり方がある。ホームレスのシェルターに行くのもそうですし、いまわたしがやっているのは、性風俗店の待機部屋での女性向けの相談会（『風テラス』といっていますが）をやっています」

生活の場や、働いている場所に弁護士が行く。更生保護施設で相談会をやっている弁護士もいる。浦﨑は、風テラスが今の中心的活動だというが、もう一方で、弁護士のソーシャルワークの大事さも強調していた。この点について尋ねた。

「弁護士は福祉のことは分からない。犯罪をくり返す人たちが刑務所を出た後、あるいは拘置所から釈放された後、福祉の支援につなげる活動をすべて弁護士が担うのは無理だと思うのです。能力も知識も経験もない。だったらプロに任せる。刑事事件については、弁護士が国選弁護人というかたちで接点をもつことになりますから、きっかけとして弁護士の役割は大きい。しかしすべて担うのは無理なので、そこはプロの福祉の人たちに担ってほしい」

悩ましいのは、日本の福祉制度では役所に座っている人も〝福祉の人〟だということだった。その人たちが警察署や拘置所で身柄拘束されている被疑者に、生活保護の説明に出向くことはない。本人が役所の窓口に行く、家族が代わりに行く、そうでなければ福祉の対象にはならない。それが日本の福祉制度の現実だった。

「本人は身柄拘束をされている。福祉サービスを受けるためには、役所の窓口につなぐ人が必要になる。弁護士がすべてやることはできない。だったら、ソーシャルワーカーの人たちにお願いしよう。それが出発点ですね」

「東京TSネット」を立ち上げる

ソーシャルワーカーが、警察署や拘置所にアウトリーチできるような仕組みを作りたい。そのかたちをモデル化したい。そこで立ち上げたのが東京TSネットだった。最初は浦﨑が代表を務めた。

「仕組みとしては弁護士から相談を受け、東京TSネットに登録している福祉の専門職に拘置所などに行ってもらい、本人や家族に今後の生活設計について助言をする。必要なケースでは更生支援計画を立てる。出た後も、グループホームや生活保護につなぐ。それが弁護士とソーシャルワーカーの役割分担であり、連携かなと思いました。

これまでも、副島〔洋明〕先生や大石〔剛一郎〕先生がやられてきたと思うのですが、その方たちの独自の技術というかネットワークというか、職人芸のようなところがありますね。すごい先輩たちが歩んでこられた道だと思うのですが、これだけ弁護士が増えると、普通の弁護士もそういう役割を担うためには、職人芸ではなく、登録したばかりの新人弁護士にも役割を担えるシステムがあればいいのではないか」

そう考えたという。東京TSネットの窓口には、弁護士登録一年目、二年目の若い弁護士も申し込んでくるようになった。

「クライアントが、福祉につないだ方が良さそうな方なので助言してほしい。協力してほしい。それができるシステムが必要だろう。そこでソーシャルワーカーとの連携のシステムを作ろうとしたのが東京TSネットでした」

現在、浦﨑は東京TSネットの運営を退き、後述する山田恵太と中田雅久の両弁護士が共同代表を務めている。東京TSネットが、現在のような形になるまでには何かモデルのようなものがあったのか、どういう経緯を経て現在の形になったのか。わたしは尋ねた。

「最初は先行するモデルはまったくなかったし、コアとなる団体もなかったのです。定着支援センターがコアになってくれればもっと違ったのでしょうが、TSの場合は母体がなかったのです。そこで、PandA―Jという、堀江まゆみ先生や大石剛一郎先生たちが作ったNPOを母体にして、村木厚子さんの愛の基金の助成金を受けて活動しようということになり、その助成金を受けるための任意団体として始めたのが東京TSネットです」

浦﨑は東京に戻り、弁護活動を始めるにあたって南高愛隣会のような検察主導とは異なる、弁護士が主導できる入り口支援のシステムを作りたかったという。ここが重要なポイントだった。詳細は後述する。

「ともあれ、いろんな思惑が一致して、東京ＴＳネットを任意団体として立ち上げることになったのですが、任意団体と言ってもスタッフは誰もいないので、まずは定期的に集まって、ケースがあれば動ける人たちで支援していこうということで始めました。最初の年は一年間で一〇件くらい試行錯誤しながら支援しました」

任意団体のころ、中田、山田の両弁護士が、ＰａｎｄＡ－Ｊの事務所で行っていた月に一度の勉強会に参加していた。二年ほどしたところで一般社団法人にし、その時に、山田と中田が理事になった。

「一番大きな課題は、フリーで動ける福祉の専門職がいないことです。弁護士は国選弁護人として動きますが、拘置所や警察署で弁護人以外が面会できるのは、基本的に平日の昼です。福祉の専門職は昼は勤めているので、平日の昼に面会に行くのが大変でした。社会福祉士さんのなかには、独立してフリーランスでやっている人たちがいるので、その人たちにボランティアではまずいだろう。

最初は愛の基金の百万があったので、謝礼として、一回接見に行くと五〇〇〇円を支払っていました。フリーの社会福祉士さんに動いてもらうためには、お金をどこかから調達しなければいけないのですが、それが難しい。制度がないのでお金がどこからも出ない。助成金を使うしかないのです」

いまだ制度は整えられておらず、その問題は、現在も解決されていない。

「入り口支援」について

次は「更生支援」の話題に移った。地域生活定着支援センターが制度化され、刑事施設を出た後の出口支援が始まった。ところが、受刑者になる以前の段階で障害をもった人たちが何らかのかたちでトラブルを起こし、警察の世話になるケースが少なくない。入口や入り口以前のところで支援が必要な人がいるということで、「入り口支援」の間口が一気に広がりを見せた。浦﨑は、法テラス千葉の任期を終えた後、出口支援や入口支援の中心になっている長崎の南高愛隣会に出向することになった。

「三カ月間でしたが、一職員として働き、現場を見させてもらったのです。南高愛隣会のほうも、出口支援に加えて入り口でも支援しようということで、平成二五年ごろ、入り口支援にシフトしていた時期でした。被疑者・被告人段階で、南高愛隣会をはじめ福祉部門の人たちがどう関わればいいのか。被疑者・被告人ということは、まだ裁判の結論は出ていないわけですが、その段階から支援を考える。執行猶予がついたらこういう支援をします、とプランを立てる。『更生支援計画』は、先駆的な方たちが従来からされてきたことですが、当時はまだメジャーなことばではなかった。『入り口支援』という形で長崎モデルとして始まり、それが形になり、その後、検察庁で社会福祉士を雇うというように、急速にいろいろな動きが始まりました」

出口支援を担う地域生活定着支援センターでは弁護士が入ることはほとんどなかったが、入り口支援になったところでかかわりが始まっていく。

「平成二五年の頃は、弁護士主導でかかわることはほとんどありませんでした。長崎県は検察庁が熱心で、そこに南高愛隣会がかかわっていく。近年になって、それだけでは十分ではないだろうということで、弁護士会も力を入れるようになった。わたしも出向が終わった後、長崎の動きを見て、検察主導ではなくもっと弁護人主導の、権利擁護を重視したシステムが必要なのではないか。そう感じていました」

そして浦﨑は、前章の原田和明と同様の危惧を、法律家としての視点から述べた。

「権利擁護的な視点から言うと、法務・検察は、どうしても治安を守るところなので、本人の意思決定とは矛盾する場合が出てくる。きちんと弁護人主導で、入り口支援のシステムを動かした方がいいだろう、というわたしなりの思いもあって、四月に東京に戻って来て、入り口支援を担える組織を作ろうと考えました」

TSの活動もその後、規模が大きくなっていく。同時に、更生支援計画を理論的に位置づけよう、ということで本を出版してきた。それがこの間の活動だった。浦﨑は、弁護士にも「障害特性」を理解する研修を受けてもらう、その名簿を作り、そこから国選弁護人として優先的に担当してもらう、そういう動きが全国的に広がりつつあると指摘する。

「わたしが南高愛隣会に出向したのは平成二五年でしたが、その時点では弁護士自体の『障害特性』を理解するための取り組みは、まだ十分ではなかったのです。大阪のようなごく一部の弁護士会はもっと前から取り組んでいたのですが、全国に広まるのは二六年、二七年くらいだと思います。東京では、東京の弁護士会と社会福祉士会と精神保健福祉士協会が名簿を作る、という作業を始めました」

弁護士は、せめて障害特性に気づく、この人にはどういう点で気を付けなければいけないのか、それくらいは研修で知ることができるだろう、そういう仕組みは必要だろう。そんな取り組みを平成二五年、二六年くらいから始め、東京で公的な仕組みができ本格的な運用が始まったのは平成二七年だった。弁護士会の動きが地域ごとにバラバラではあるが、弁護士の間でも、被疑者・被告人に障害がある場合にどうするかということは、正面から議論されるようになった。

「再犯防止を目指さない更生支援」とは

話題を変えてみた。受け皿探しに苦労するという話はいまだに耳に入る。福祉のほうが、〝元受刑者〟の支援ということで、尻ごみをしていることはないか。

「それはないですね。社会福祉士会は、専門職団体としてはこの分野を重視していると思いますよ。とはいえ、まだまだメジャーではない。わたし自身も社会福祉士という資格を勉強して取りましたけど、資格試験の科目が何十もあるのですが、刑事手続のことは『更生保護』という科目のなかで、更生保護制度を少し学ぶだけなのです。高齢者、障害者、生活保護、といった大きな分野から見ればマイナーな位置づけです」

そのことが収入の安定につながらない大きな要因になっている、と浦﨑は言う。

「とはいえ、定着センターで働いている人のほか、是非はいろいろあるでしょうが、刑務所や検察庁で働いている社会福祉士は徐々に数が増えています。再犯防止推進法ができたわけですから、もっと制度化されていって、入り口支援に対してもお金が出るような仕組みになれば、それを職業とする独立系の社会福祉士が現われると思います。そうすると、先輩の後を継いで自分もそこで働きたいと考える若い福祉士たちが出てくると思うのです」

入り口支援の領域は、まだまだ参入者が少なすぎる、と浦﨑はくり返した。

「東京ＴＳでどうにかできないかと思っていましたが、力及ばずでしたね」

最後の質問になった。「再犯防止を目指さない」というフレーズが、浦﨑の論文にも出てくる。この意図について尋ねた。

「更生支援に福祉がかかわる根拠はなにかといえば、福祉は意思決定の支援であり、より良い人生、生活の質を向上させることが大きな目的です。司法の介入の根拠とは全く違うわけです。司法はあくまでも刑罰権の発動です。刑罰権のある・なしをジャッジするだけの場ですから、それはまさに権利とバッティングが生じる場面ですね。なぜ裁判があるかというと、刑罰で威嚇して犯罪を抑止する制度ですから、司法機関は個人の人権と緊張関係にあります。良し悪しではなく、これは仕方がないことです」

そうした司法が福祉とつながることには、危険性もあると浦﨑は指摘する。

「法務・検察にとって重要なことは、その人の人権ではなく、同じ人が何度刑務所から出てもまた入って来る、刑務所に戻ってこないようにするにはどうしたらいいか、という発想です。再犯防止対策でやるわけです。意思決定が問題ではなく、再犯を起こさないような防止対策です」

再犯防止を極論すれば、山奥の入所施設にでも入ってもらえればいい。しかしそれは刑務所に行くのと変わらない。

「そういう怖さがあって、必ずしも同じ方向を向いて連携しているわけではないのです。司法と福祉とでは文化も違いますし、時には対立しあうこともある。そのことを理解したうえで、それぞれのプロはお互いに線引きをし、役割分担をしながらやっていく。そうしないと、ソーシャルワーカーの検察庁での働き口が増えていった、良かったねという話で終わってしまいます。検察庁のソーシャルワーカーが、本当にソーシャルワークができるのかという疑問も、ないわけではないし」

そして更生支援計画書の話になった。ここにも「司法と福祉の協働的支援」のもつ危うさがある。そう浦﨑は指摘する。

「弁護人と協力して更生支援計画書を作る場合でも、弁護人は刑期を軽くするという目的があり、それは検察とは違うけれども、かかわっているのはあくまでも刑事手続きの中でです。そこには本質的な危険性があると思うのです。弁護人から、このままでは実刑になるから手帳を取った方がいいよと言われたら、嫌ですとはいえないわけです」

くり返すが、この微妙だが、大きな違いを福祉の側がどこまで受け止めることできるだろうか。

「今までのように司法と福祉が全くバラバラな状態でベルトコンベアーに乗って動くよりは、接点をもって連携した方がいい。危ういバランスの上に成り立っていることは間違いないけれど、連携してやっていかないといけない。それははっきりしているけれど、司法側はあくまでも『再犯防止』を法律の目的にしていますから、福祉としてかかわるときには注意し、自分たちのソーシャルワークがどう担保されるのか。そのことは常に意識しておく必要があります」

自閉症スペクトラム障害と治療的司法

立川市の多摩の森綜合法律事務所に中田雅久を訪ねたのは、浦﨑を取材する二カ月ほど前の二〇一八年七月一八日。暑い日だった。中田は、浦﨑から引き継いだ東京TSネットの共同代表の一人であり、地元多摩TSネットの代表も兼務する弁護士である。伺いたいテーマはいくつかあったが、最大の関心は、最近目にするようになっている「治療的司法」についてだった。これだけでは漠然としているので、次のような問いを用意し、あらかじめ送っていた。

（1）先日の「新幹線殺傷事件」について。（2）テレビや新聞の、診断名（自閉症スペクトラムであるとか）の報じ方。（3）「自閉症スペクトラム障害と刑事事件」という問題全般についてどんな考えか。（4）「治療的司法」「司法福祉」の二つを簡単にレクチャーしていただけないか。とくに「治療的司法」がどういうものか、なぜ「治療」ということばが入っているのか。（5）「治療的司法」が、具体的な司法の取り組みのなかでどんな風になされているか。

（1）は本書のテーマからは離れる。（2）はすでに第八章で紹介している。ここでは（3）（4）（5）をめぐる話題に絞り、中田の談話を紹介していきたい（＊1）。

刑事弁護において自閉症スペクトラム・発達障害をどうとらえ、留意している点はどこか、という問いに中田は次のように述べた（もちろんここでは裁判員裁判が前提となっており、そのことを含んだ問いだった）。

「スペクトラムの濃淡があって、刑事事件の被疑者・被告人は必ずしも症状が重いわけではない。本人なりの障害特性の違いとか、特定の場面での行動の仕方に関して、障害診断名だけで理解してくれというのは、そもそも難しいだろう。この人はこういうことが得意でうまくやっていけるけれども、こういうところは苦手でサポートが必要なんだ。そういう本人の姿を正しく理解してもらうことは、簡単なことではないだろうと思います」

そのような被告人の刑事弁護に当たって、ポイントをどこに置くか、重ねて尋ねた。

「本人の障害特性とか、周りからどういう扱いを受け、本人がどういう生きづらさをもっていたのか。そのことと犯行の結びつきはどうか。幻覚妄想に支配されるような直接的な影響とは違って、間接的な影響ということになるので、その部分を理解してもらって刑の重い軽いという判断に結び付けてもらうことは簡単ではない。法律家だけの力で、事実を浮かび上がらせることには限界があるわけです。法律家だけ頑張ればできるということは、わたしは不可能だと思っていて、心理の専門家、福祉の専門家とコラボレーションして、弁護に取り組むことが必要なんだと思っています」

連携に当たって難しいのは、心理や福祉のサポートをしている支援者にとって、刑事裁判は非日常の場であり、普段行っている支援とは異なることである。障害や福祉制度に必ずしも理解がない裁判員にも理解してもらわなくてはならない。

「ある意味で、〝見せる支援〟といいますか、本人だけを向いていればいい支援とは違う形で、周囲に対して理解を求める支援になっていきます。日常生活の支援とは違うスキルが必要だと思います。そうした専門性をもつ支援者は、必ずしも多くはないんじゃないか。そのあたりが課題かなと思いますね」

第Ⅰ部で、松本俊彦と高岡健が、裁判員裁判以降の、精神鑑定とそれを公判でプレゼンするときの難しさについて述べた。そのことに通じる問題である。中田は続けた。

「心理や福祉の専門家たちは基本的には既存の組織に属していて、所属機関の業務として、障害のある人のサポートをしているわけです。所属機関での仕事から離れる裁判での支援になると、『上の許可が要ります』という話になったり、『組織としてやってはだめです』という話になったり、『裁判では証言しにくい』とか、既存の制度から外れるとやりにくくなります。制度としての限界もあると思います」

そして浦崎同様、経済的な問題を指摘した。専門的に任せられるスタッフは少ない、いずれ個々の弁護士事務所に福祉スタッフを雇うか、弁護士会がスタッフを入れる。一部の仲間とそういう議論を始めているが、なかなか簡単ではないという。

「治療的司法」とはどんなものか

話題は、治療的司法に移った。弁護士会多摩支部の刑事弁護委員会のなかに、TJ部会が今年度からできたという。

「TJというのは治療的司法、therapeutic justice の訳ですが、そういう観点からこの問題に取り組もう。必ずしも自閉症とか障害のある人だけではないですが、治療的司法の観点から、刑事司法・刑事裁判に取り組むことを目指している部会です。TJの名前を冠した委員会なり部会というのは、たぶん、日本で初めてではないかと思います。

一昨年くらいから、多摩の刑事弁護委員会の部会のなかで、被疑者・被告人の更生をサポートするための活動をどう行うかという議論をしてきました。例えば刑事裁判が終わった後、刑務所に行きました、あるいは執行猶予がついて更生保護施設に入りました。こういう人たちにも司法サービスを展開したいということで、矯正と更生保護も扱う部会があったり、SH名簿というのができたりしたのです」

SH名簿というのは、障害者手帳をもっている、警察や検察が話を聞いた段階で、コミュニケーションが難しくて障害がありそうだ、そういう人に、障害や福祉について研修を受けている当番弁護士や国選弁護人を派遣する、その名簿をSH名簿と呼んでいる。

「SH名簿の運用や改善を考える部会。それが母体にあって、今年度からTJ部会という名前で活動するようになったのです。多摩地域の有志の弁護士で、八王子にある二つの更生保護施設に出張で相談に行く。三、四年くらい前からだったと思いますが、そういう取り組みをしている。当初は手弁当でやっていたのですが、法テラスと協議して、法テラスの指定相談場所にしてもらい、法律相談を受けると、弁護士は法律相談料を法テラスからもらえるという仕組みでやっています」

中田もまたアウトリーチを積極的に活用していた。しかし法律問題だけには限定したくない、広く生活相談や、こういうことに困っているという相談を受けたい。そういう目的ももっているという。

「罪を犯す人のなかには、自分が問題に出会ったとき、相談して解決する、誰かに頼って支援を受けて解決するということが苦手で、問題の解決の方法として犯罪を選択してしまう人がいる。そういう人に、少しでも相談によって問題解決をする、他の専門家なり詳しい人、親切な人に頼って犯罪によらない問題解決をする。そういう発想をもってもらいたいと思い、そんな観点から活動に取り組んでいます」

具体的ケースから

具体的なケースについて、差し支えのない範囲で聞かせていただけないかと尋ねた。中田はＳＨ名簿から比較的にうまくいったという、次のようなケースを話してくれた。被告人段階の国選事件として担当したケースだった。以前は一切公的なサポートを受けておらず、会って話したとき、「知的障害があるんじゃないか」と思ったという。

犯行にいたる経緯が唐突であり、自分の行動が結果としてどういう事態を引き起こすかを想像できないまま事件にいたっていた。職場では経済的な搾取を受けていたが、それを抜け出すための具体的な解決に向けた方策が取れていなかった。本人も、搾取されていることを仕方のないものとして受けとめていた。小さいころから勉強が苦手で、仕事をするようになっても、物覚えが悪いと、周りから怒られたりバカにされたりしていた。

「この人に関しては、社会福祉士さんに一緒に接見に行ってもらって、専門家としての立場から障害の有無について見立ててもらいました。本人はこういうところが苦手だということをアドバイスしてもらい、それが事件にどういう影響を与えているのか、一緒に考えてもらいました。社会福祉士さんには更生支援計画ということで、アセスメントの部分と、今後どんなふうにサポートを受けながら生活していけば再犯防止につながるのか、そういうことを検討し証言してもらったのです」

このケースは強姦未遂と窃盗事件だった。

「強姦未遂についていえば、女性の方の下着を脱がして陰部に指を入れるということまでやっている。実刑の可能性もあるケースでした。結論としては、社会福祉士さんが作ってくれた更生支援計画の効果もあって、懲役三年執行猶予五年、保護観察付という判決をもらい、ぎりぎりで社会に踏みとどまることができました。終わったとき拘置所で待ち合わせをして、支援をお願いしていたNPOのシェルターに入ってもらいました」

そのあとの検査では、中田の予想通り知的障害の判定だった。生活保護を受けてもらい、就労支援をし、その後のスムーズな社会生活に結び付いた。

「ただ、判決自体にはわたしはまだ不満な部分があって、判決文のなかでは社会福祉士が更生支援計画を作り、それに従って更生していくことを誓っている、だから再犯可能性は低い、という一般情状の点は評価してもらえたのです。ところが、こういう苦手なことがあってストレスを溜め、職場でも搾取され、不安定な生活に陥った、その点が事件に結び付いていると主張した犯情に関するところは、おそらく医師の確定診断がないからだったと思うのですが、あまり評価されていないですね。

裁判官としては、障害福祉の専門家が見立てているところを、どう評価すればいいのか戸惑う部分もあるのだろうと思います。再犯防止策に関しては評価しやすいと思うのですが、医師の確定診断のない障害に関する見立てや、障害特性がどう犯行に影響を与えているかを評価するのは難しい点があるだろうと考えます」

この事件で中田は精神鑑定の請求をしていた。ところが裁判の途中で、被害者と示談が成立し、裁判所から、鑑定請求は取り下げてもらっても執行猶予で出すから、裁判を長引かせなくてもいいのではないかというメッセージがあり、鑑定請求を取り下げた。

「これが猶予かどうかガチンコ勝負の事件、絶対実刑の事件であれば、鑑定せずに評価を受けることは納得できないところがある。ただ、全部のケースが鑑定を受けることができるかというと、軽度の知的障害や発達障害が間接的に犯行に影響を与えている事件で、例えば人が亡くなっているとか、そこまで大きい事件ではなく、強制性交等だけとか窃盗だけとかに関しては、鑑定は簡単には採用しないですね」

ここから話題は、責任能力論議になった。

「今までは『責任能力』判断という枠組みでしか、障害のことは取り上げられてはこなかったわけです。『責任能力』の判断枠も、統合失調症をはじめとした狭い意味での精神病による病的な体験を伴い、それに支配され、それが責任能力に影響を与える、という発想が多分にあったのだと思うのです。

わたしらは、軽度知的障害のある人や自閉症の人が、頭のなかでは悪いことだとはわかっているけれども、自分の感情や行動がうまくコントロールできないという人がいることを体験的に分かっているわけですが、それもまた『責任能力』の議論になり得るという点では、まだ適切な議論ができていないのです。そのような症例については、司法精神医学の側からの研究も、必ずしも多くない」

自閉症という診断だけでは責任能力がない、限定責任能力だという判断にはなりにくいと中田は言う。わたしもまた、発達障害・自閉症スペクトラム系の人の責任能力をどう考えるかは、司法と精神医学にとって新しい問題だと感じていた（第七章参照）。中田は続けた。

「知的にも低いという事実が組み合わさって、限定責任能力だということはあるだろうと思います。一方で、わたしは責任能力論にどこまで期待するかという点では、あまりこだわっていない部分もあります。

責任能力がないから無罪であるという議論まで行くと、それは重要な問題ですが、限定責任能力という判断が出るか出ないかで、刑の重さが大きく異なるということはないのです。限定責任能力ではないけれども、犯情のレベル、障害が犯行に影響を与えている、だから強い非難は当てはまりません、ということを理解してもらえるなら、それはそれで意味があることだと思います。責任能力という判断枠だけで物事をとらえることは、少し考え直した方がいい。障害の影響なので本人を強く非難はできません、という判断をどう求めるかが、障害がある人の刑事弁護の観点からは重要なテーマだと思っています」

たしかに、更生支援を前面に出す近年の情状弁護のなかで、責任能力の問題はほとんど取り上げられていない。しかしまた、裁判にあって責任能力論議に終始してしまうことは、〝空中戦〟に陥りやすいことも確かである。

再び「治療的司法」について

話題を「治療的司法」に戻し、それがどこまで広がっているかについて尋ねた。

「わたしは、注目を集めているテーマだと思っていますが、まだ広く認知はされていません。でも、これから広がるだろうと思います。弁護士が一〇〇〇人いるとしたら、『治療的司法』ということばを聴いたことがある人は、おそらく一〇人いないくらいだと思います」

「治療的司法とは何か」と尋ねられた時、どう答えるか、という問いをぶつけてみた。

「なかなか難しいところですが、『治療的司法』というのは訳語であって、先ほども言ったように、therapeutic justice の訳で、therapeutic を『治療』と訳しているのです。障害福祉に携わっている方には、医療モデルの捉え方をしているのかとか、障害そのものが治療の対象なのか、という誤解を与えがちなのですが、『治療』ということばを当てているのは訳語の問題です。どちらか言うと『回復』『支援』『ケア』というイメージです。医学的な意味での治療とは、必ずしも一致しないのです。

なかにはもちろん、医療的なケアの必要な方はいます。しかし、『治療的司法』という時のポイントは、『司法福祉』とも共通する部分があるかと思いますが、『この事件は、法律を当てはめるとこういう結論になります』というこれまでの司法判断を超えて、犯罪や法的紛争の原因を分析し、根本原因を解決するために、医療、心理、福祉のサポートにつなげる。それによって、本人が抱えている問題の解決を図るのがポイントだと思います」

治療的司法という語彙には、少しばかりわたしにも戸惑いがあったのだが、この説明で疑問は氷解した。中田は続けた。

「法律には、こういう要件があればこういう効果が生じます、というように要件と効果が書いてあって、それに生《なま》の事実を当てはめるのが司法の伝統的な営みです。こういう事実を当てはめるとこういう結論になる、という規範的な解決を超えて、問題の原因にスポットを当てて、根本原因についての問題解決とか緩和を図るというのが大事で、障害のある人であればその部分で福祉のサポートを利用する。そういう発想だと思います」

本人が抱える問題の状況に応じてどんなサポートにつなげるかは、人によって、事案によって異るが、この考え方は、社会のニーズに応えるものではないか、と中田は言う。

「社会の側に、一方で厳罰化の要請があることは承知していますが、それに負けず劣らず、犯罪を少なくしたい、安全な社会であってほしい、困難な情況に置かれた人が犯罪に頼ることなく生きていける生活を保障したい。そういう要請が社会の側には必ずあると思います。特にかつての司法、法律家だけが牛耳っていた司法よりも、裁判員裁判ということになると、一般国民が被疑者・被告人の立ち直りだとか、更生、再犯の防止に対して法律家以上に強い関心をもつようになっています」

治療的司法、司法福祉という考え方から事件に取り組むのは、社会に求められていることではないか。だからやりがいがあると中田は言う。

「この事件はこういう法律を当てはめるとこういう解決になる、というだけではなく、本人が抱えている生きづらさを一緒に解消する方法を考える。それはクリエイティブであって、本人の今後を切り拓く。だからとてもやりがいのある仕事だと思っています」

裁判員裁判が始まったことも、司法が変化を求め始めたことの要因ではないか。そんな質問をしてみた。中田は答えた。

「直接的なきっかけはないと思うのですが、実践する弁護人としては、少なくとも自分自身は、裁判員は立ち直りとかその後のことに関心がある、と強く感じています。自分の裁いた人が、この後どうなってしまうのか。素朴な疑問や関心をもっていて、一般の人はやはり『人』を見ると思うのですね。わたしは基本的に、刑事司法は『人』を裁くものではないと思っていて、やったことに応じた刑の重さを決めるのが司法ですから、やった『行為』に着目するのです。裁判員の方は『人』に着目する傾向が強いですね」

第Ⅰ部での裁判事例のように、この人は危険な人物のようなので重い罪を下すべきだ、という方向に振れる可能性は一面では否定できないが、服役が終わった後も続くその人の人生に思いを馳せることはきわめて自然な感情である。中田はそれに接することで、弁護人にとって勉強になるという面も間違いなくあるとも語る。

福祉と司法の協働、治療的司法、新しいかたちの情状弁護。いくつかの課題をもちつつも、チャレンジに値する取り組みではないかという期待が、わたしのなかで膨らみをもち始めていた。

弁護士・山田恵太の講演から

中田と共に東京TSネットの代表理事の一人である弁護士・山田恵太とは、意外なところからつながりを得ていた。三年ほど前だったろうか。山田はもっと地域に根差した活動の必要を感じ、足立区にもTSネットを立ち上げたいと準備をしていた。そこにわたしが主宰する「人間と発達を考える会」の、足立区のメンバー二人が加わっていた。彼らが山田とつないでくれたのである。

山田は大学で心理学を専攻し、障害のある人の心理や教育の勉強をしていた。ある入所施設でボランティアをしていたとき、兄弟に金銭を丸ごともっていかれた人など、さまざまな被害に遭っている知的障害者に出会った。しかし学生の身分。何もできない。悔しい思いのまま過ぎていった。その時、ロースクール制度が始まり、弁護士なら何かできるのではないかと考え、ロースクールに入った。ところがまったくつまらなかった。それでも、司法試験だけ受け、その後、千葉の特別支援学校に非常勤講師の口があるというので、二カ月ほど勤めた。その時に同僚から、拙著『自閉症裁判』を紹介されたという。

「それまでぼくが会っていたのは施設や学校のなかという、支援の対象になっていた人たちだったのですが、この本では、支援がないばかりに刑事事件に行きついてしまう。そういう人たちがいることを初めて知ったのです。弁護士になるのなら、こういう人たちにこそ支援が必要じゃないか。初めてそう思ったのです。そんな経緯で弁護士になったのですが、障害のある人の刑事事件をやっていこうと考え、今年で六年目になります」

山田もまた、わたしが本書の執筆を再開するきっかけをつくってくれた一人だった。

以下の記述は、二〇一八年二月二七日に、あだち社会福祉士会主催の講演会をもとに整理し直したものである（＊2）。山田が「障害」をもつ人の刑事弁護をどう考えているか、東京TSネットの現状はどうかなど、浦崎・中田両弁護士によって語られてきた内容と重なるところもあるが、山田なりの視点から光を当てている。紹介したい。

刑事手続きにおける障害のある人

山田は、二〇一五年の矯正年報の「新期受刑者における能力検査（CAPAS）値」を示した後、自身の受任件数を見ながら話し始めた。

「わたしが実際に受任した刑事事件において、障害のある人がどれくらいいるのか。こちらは新規受刑者ということではなく、刑事事件のさまざまな段階にいる人になりますが、四〇％以上です。わたしの主観ではなく、何らかの診断のついている人です」

依頼人には、山田が「障害と刑事事件」という分野の仕事をしていることを知り、それならと依頼をしてくるケースがあった。集計した時点での依頼は一四〇件ほど。最初から障害があることを前提に受けたケースは一〇件もなかった。

「ランダムに配置される当番弁護や国選弁護という制度があり、そこで受けるケースが多いわけですが、集計した時には、自分でもびっくりしたくらいでした。かなり多いと思いませんか」

障害が直接、犯罪に結びつくことはない。そう山田は強調しながら、では、なぜこのように統計的に多くなるのかと問いかけた。一つは、障害がもたらす生きづらさ。犯罪行為にいたらざるを得ない心理的な要因や環境的な要因。二つ目が取調室で、どこまで自身を防御ができるか。

「有効な防御という観点から見ると、福祉の皆さんが支援をしている人たちは、やはり取調べでの支援が重要になってきます。昔よりも改善されてはいますが、いまだに机をバンバン叩いて脅すなど、違法な取調べがなされることがあります。また、障害のある人の場合、優しくされることで誘導されてしまうことが多い。ですから、取調べでの権利をしっかり守っていかないといけない。このことが一つの問題としてあると思います」

これまで述べて来たように、〝生きづらさ〟の要因は一つではない。障害、孤立、生育歴の苛酷さ、不安、社会的な支援のなさなど、複合的な要因が影響している。

「最初の事件で裁判になって刑務所に行くということは、そんなにないことなのです。強盗致傷とか、人を殺してしまったとか、大きな事件であれば別ですが、多くは執行猶予がついて、社会に戻ってきているはずです。でもその段階でもまだ福祉支援が届いていないことがある。裁判が始まれば、裁判官や検察官、弁護士が付くわけですが、誰も本人の障害を気に留めないし、福祉につなぐことを考えてこなかった。それがこれまでの刑事裁判のあり方だったと思います」

山田が受けた事件のなかに、前科一九犯という人がいた。裁判になっても、「またやったのか、しばらく刑務所にいなさい」とくり返されるだけで、何も変わらなかった。犯罪を二〇回もくり返してきたのに司法は気づかない。司法だけに頼っているのではだめだと、山田は痛感した。

「司法福祉」の課題はなにか

話題は、知的障害をもつ人の刑務所処遇に移った。

「刑務所も少しずつ変わってきています。民間が半分入ったPFI刑務所もあります。昔は考えられなかったことですが、警備会社が警備をしていたり、施設の中もすごい設備になっています。わたしは播磨社会復帰センターや島根あさひに見学に行きましたが、食事が自動で運ばれてきます。障害のある人たちへの専門処遇も始まっています。とても素晴らしいことだと思います」

しかしPFIの対象者は、初犯などの条件に当てはまる限られた受刑者だった。山田が弁護した人のなかで、PFI刑務所でプログラムを受けた人は一人もいない。それくらい狭き門だった。

「刑務所の処遇にはもともと問題があって（問題ということばが適切かどうかは分かりませんが）、社会から隔離された特殊な環境に長い間置かれるわけですから、そこに適応してしまう。刑務所が過ごし易い場所になることが少なくないのです。しかし適応すればするほど、今度は、一般社会に戻ったときに社会性の回復が難しくなるし、そのチャンスもどんどん奪われていく。『刑務所帰り』というレッテルを貼られ、受け入れ先が少なくなっていくのが現状です」

これは〝負のスパイラル〟だった。刑務所生活が長くなるほど社会性を奪われ、社会復帰しても居場所を失う。自己肯定感はさらに低下してしまう。自己肯定感のなさや不全感が事件の重要な背景だったのに、受刑は、それをますます肥大化させてしまう。結果、犯罪へのハードルがどんどん下がる。

「これは当然ですね。刑務所というのは罰を与える場所ですから、罰を受けることによって、自己肯定感が上がる人はいないわけです。システムとして、基本的に無理なんだと思います。もちろん、この問題に向き合い、処遇にさまざまな工夫を取り入れている刑務官の方もいます。しかし、ごく一部です」

刑務官のなかには、「刑務所は罰を受けさせる場所である、そのことを徹底して叩き込まないといけない、そういう場所だ、それが最上の再犯の防止だ」と考える人もいる。

「わたしは、刑務所が無くなればいいとまでは思っていないですし、刑務所の処遇が改善されれば障害のある人たちが社会に戻り易くなるとか、そういう簡単な話ではないと思います。中の処遇がよくなってほしいとは思うけれども、刑務所はあくまでも刑務所です。ただ、障害のある人に十分な対応はできていません。受刑するだけでは問題は解決しないとわたしは思います。では、どこで生き直しを図ったらいいのか。犯罪をくり返すごとに、居場所もチャンスも失ってしまう。そうした『負のスパイラル』をどこかで断ち切らないといけないというのが、司法福祉の課題です」

その課題を少しでも解決しようとして立ち上げたのが東京ＴＳネットであり、山田が独自に取り組みを始めた足立ＴＳネットだった。

更生支援計画と量刑判断

障害のある人が、刑事事件における加害者になった。弁護士からの依頼で担当支援員が派遣され、留置場や拘置所で面会をし、更生支援計画を作成して裁判で証言をする。この担当支援員が更生支援コーディネーターである。色々取り組む中で課題も出てきた。その一つは、一人の更生支援コーディネーターだけで、一つのケースを抱えるのには無理があることだった。数も足りない。相談を寄せてきた人全員に対応することは不可能である。しかし支援を必要とする人がそこにいる。気づいた以上は何とかしたい。それが、足立TSネットを運営する山田の原動力だった。

山田は裁判における更生支援計画書のはたす役割について話し始めた。

「更生支援計画は、本人に対する量刑を決めるうえでとても重要な要素になってきます。障害の存在、その特性、生活上の困難度など、事件の背景の分析が大事です。もう一つは、本人のよりよい生活のための支援があること。これは一般情状（再犯可能性）に関係していきます。

最近の裁判の傾向として、特に『行為責任』が言われるようになりました。帰る場所がある、支援してくれる人がいるということ自体は、重く評価しないということです。なぜなら、家族がいる人は刑が軽くなり、家族がいない人は刑が重くなる。それはおかしい。『やったことの重さ』で刑を決めるようになっています。『やったことの重さ』のなかで背景がどんなものであったか、そこに関係してくるのです」

山田はある福祉職から、支援をなぜ刑事弁護と結びつけるのか、必ずしも弁護士と一緒にやる必要はないのではないか、なぜ刑事弁護での支援なのか、と聞かれたことがある。

「まず、そもそも有罪なのかという問題があります。自白には信用性があるのか。任意性はどうか。責任能力はどうか。そのことは支援計画を作る場合にかかわってきます。有罪だとしても、実際に刑を受ける必要があるのか。社会的に見れば実刑が必要なケースだとしても、長期刑が必要なのか。そういうことを考えるうえでも、更生支援計画は重要です。だから弁護士としては、福祉の専門職に一緒に活動してほしいと思うのです」

更生支援計画書を、適切な量刑判断、責任非難にどう結び付けるか、弁護士がどう考えるかに触れ、弁護士の視点とソーシャルワーカーの視点の違いについて語っていった。大きな違いは、弁護士は基本的に裁判の始まりから終わりまでしか見ていないことだ。支援コーディネーターは、過去の事実と、将来の生活をどうするか考えることが重要なテーマになる。だから補完し合いながらやっていくのが大事だ。山田はそう強調する。

「司法と福祉の協働」、課題は少なくない。更生支援計画書も同様である。しかし補い合えるところはある。これからも補い合いながら進めていきたいと山田は結んだ。

次章では、プロローグで取り上げた松本俊彦の取り組みを紹介したい。『薬物依存症』の出版後に取材をさせていただき、社会内処遇を軸にした更生支援の先端を行く取り組みの報告になる。

（＊1）中田弁護士への取材インタビューの全記録は、『飢餓陣営48』に、「『治療的司法』とはどんなものか」とタイトルされて掲載されている。

（＊2）山田弁護士の講演の全記録は、『飢餓陣営48』に「司法福祉の支援　更生支援コーディネーターとはどんなものか」とタイトルされて、掲載されている。

第一二章　社会内処遇の新たな試み
――更生を支えるものはなにか

石川恒が前施設長だった「かりいほ」や、一〇年以上にわたって事例検討会議を行ってきた「ふるさとの会」でケースとして上がってきた人たちは、三〇〇名から四〇〇名ほどになる。台東・墨田・新宿と三カ所あるサポートセンターでの「対人援助勉強会」で取り上げられたケースを合わせれば、五〇〇名は超えるだろう。ほぼ全員が苛酷な生活歴を抱えていた。

生活歴を知ることがどんな援助へとつながっていくのかその議論をする余裕はないが、すでに述べたように、その人がもつ「人生の物語」を援助者との間でどう相互共有するか。多くが苦難と屈辱に満ちた「人生の物語」であり、共有という相互作業のなかで、どうより良い物語へと変換していくことができるか。そこに「ふるさとの会」における支援のだいご味がある。ただし重要な課題がある。過半の利用者がトラウマティックな体験を有し、いわゆる愛着形成に問題を抱えていることだ。更生支援の現場にあってもここが難題となる。

刑の一部執行猶予制度をどう見るか

本題に入ろう。松本俊彦『薬物依存症』については、すでに「はじめに」で触れた。この著書のもつ画期的な意義を、わたしが呼び掛けている勉強会「人間と発達を考える会」のメンバーと、ぜひとも共有したいと考え、二〇一九年四月二一日、会に松本を招いた。その時の講演と、討議の様子は公開している（＊1）。ここでは、本書のテーマに関連する部分に絞り込んで紹介してみたい。発言全体の文脈から切り離しての引用になるが、「更生支援」にあたっての重要なことが述べられており、キーワードの一つが、「トラウマティックな体験」だった。

法務省がこの間打ち出してきた政策の大きな転換が、社会内処遇の重視へ舵を切ったことだった。その一つが二〇一六年より始まった薬物依存症者への、刑の一部執行猶予制度である。このことによって、保護観察所で薬物依存者への治療プログラムが行われることになった。こうした取り組みについて、松本が司法へどんな要望をもっているか、講演後の質疑で尋ねてみた（「罪を犯す知的・発達障害」という本書のテーマに即して言えば、薬物使用者のなかには発達障害の診断をもつ人が含まれていることが、わたしの脳裏にあった）。

松本は国会で参考人として出席するなど、法案を後押ししてきたし、今も後押ししているという。薬物使用で逮捕されると初犯では執行猶予が付き、執行猶予中の再逮捕では三年ほどの実刑になる。ところが一部執行猶予制度になると、実刑が二年に軽減され、その代わり出所した後に二年間保護観察がつき、保護観察所の観察下で尿検査と治療プログラムを受けることが義務付けられる、という制度である。松本は言う。

「日本ではこれまで施設内処遇だけだったものが、これからは社会内処遇でやっていこうと示した点では一歩前進だと思って、応援してきたのです。ところが実際に制度が始まってみたら、思っていたよりも実刑部分が長くて、三年が二年になったけれども、保護観察が二年ついて合計四年。むしろ厳罰化じゃないのかという気も正直しています。でもこの一部執行猶予制度がうまくいかなかったら、世論は、やはり地域での処遇はだめだ、施設に閉じ込めておいたほうがいい、という議論になってしまうと思うのです。いろいろもやもやはありながらも、いまは一部執行猶予制度を応援しています」

「Voice Bridges Project（ボイス・ブリッジズ・プロジェクト）」の取り組み

松本は地域での支援を成功させたいと考え、具体的な取り組みを始めている。人間と発達を考える会のメンバーの一人で、元国立精神・神経センター自殺対策部長の竹島正が勤める川崎市や、東京多摩地区、神奈川県域、福岡県など、各地の精神保健福祉センターに協力してもらい、地域支援が行われるようになった。

「Voice Bridges Project（ボイス・ブリッジズ・プロジェクト　声の架け橋プロジェクト）といい、保護観察が始まった時点で、同意した人だけですが、精神保健福祉センターのほうから定期的にお節介の声掛け電話をしてもらい、そこでは守秘義務を優先し保護観察所には伝えずに地域内処遇をやっていく。そうやって三年間フォローアップをしながら、保護観察対象者の追跡調査をする。保護観察はだいたい二年ですが、それからさらに一年つながることによって、地域のいろいろな社会資源につながっていく。そうすることによって再犯を防ぐ。そういう仕組みです」

取り組む精神保健福祉センターが広がりを見せてきて、二〇一九年度から一七の精神保健福祉センターが参加するところまでプロジェクトが広がっている。

「調査を続けて分かったことは、保護観察が始まって一年たってどの社会資源ともつながらない人は、結局どこともつながらないのです。最初が肝心だということです。それから、保護観察が始まった時点で『薬物のことを一番相談できる人は誰ですか』というアンケートを取ってみると、保護観察官と保護司です。だけど、保護観察期間が終わったら相談する相手がいなくなるわけですから、一気に孤立していく。でも、精神保健福祉センターとのつながりは少しずつ増えていくでしょうから、孤立を防ぐ意味はあるかなと思っています」

まだ一部執行猶予制度の対象者は少なくて、従来の仮釈放の人が多い。これから増えていくだろうという。現状で分かったのは、保護観察が終わって半年以内に、ほとんどの人が再使用していることだった。

「ありがたいことに、そのことを精神保健福祉センターの人に正直に伝えてくれます。要するに、周りが思っている以上に、みんな薬を使っているということです。このデータを見せると、司法関係者はびっくりするんです。『そんなに使っているんですか！　再使用しても捕まらないんだ』というので、『いや、使ってもそんなに簡単には捕まらないですよ。失敗して使って、このままじゃいけないと奮起して、逮捕につながらないようにするのが大事なんです』と、ぼくはいうのです。

だから、使ってしまうことを前提とした地域支援が大切だと思っていて、司法関係者の方にお願いしたいのは、いま保護観察所がプログラム（スマープ）を一生懸命にやっているんだけど、保護観察所は、大枠の監視監督をやってくれればいい。プログラムはできるだけ地域でやってほしい。保護観察は二年で終わります。これから長く付き合わないといけないのは、地域の社会資源なのです」

「失敗した」といえる環境、「ウソ」をつく自由

さらに松本は次のように言う。保護観察所は尿検査をやりたければやってもいい、だけど自分(松本)たちには、尿検査を強要しないでほしい、必要があればやるが、結果を知らせろとは言わないでほしい。どうしてか。

「彼らには、安心して失敗できる場所が必要なんですよ。もちろん保護観察中の人は、そんなに簡単に本当のことは言いません。警戒しています。でもぼくらは、やってしまったと正直に言える環境を用意する必要があると同時に、嘘をつく自由も認めてあげないといけないと思うのです。嘘をつく自由が認められ、他の人が安心して失敗している話を聞きながら、自分もだんだんと正直になれるのです。そういう仕組みを地域のなかに作ることに、法務省関係の方はあれこれと言わないでほしいと思っているのですね」

余計な解釈は不要だろうが、松本の取り組みは再犯防止ではなく、立ち直りの支援、更生支援であることは理解していただけると思う。さらに言う。

「司法関係者にとにかくお願いしたいのは、依存症は慢性疾患で、先は長いということ。自分たち専門職や保護観察所がかかわることができるのは一定期間だけなので、依存症治療のよき援助

者は、サッカーで言ったらいいシュートを決める援助者ではなく、いかに地域のほうにいいタイミングでいいパスを出すか。そういう援助者です。自分たちが長くボールをキープすればするほど地域へのパスはつながりにくくなるので、どんどんパスを出してほしいと思います」

わたしのこの本は、地方裁判所が判決理由に「社会的受け皿がない」と書いたことに端を発している。図らずも松本はそのことに触れた。

「よく受け皿が足りないといわれますが、そんなことはないです。受け皿はあります。でも、当事者のセルフスティグマ〔負の表象・烙印〕が強かったりして、なかなかつながらないのです。保護観察所も精神保健センターやダルクにつなぐ努力をしてきたのですが、その時の『つながっていないと使ってしまうから、地域の資源につながりましょう』というセリフが気に入らないのです。

彼らは一連の刑事司法の手続きのなかで、ものすごく自尊心を傷つけられていて、『やっぱりこの人も、いつか俺は使うと思ってるんだ』と思うから腹が立ち、こんな支援はいらないと答えるんですね。ぼくらは『ボイス・ブリッジズ・プロジェクトという研究をやっているので、協力してもらえませんか』というのですが、そうすると『おれ、社会貢献できるんすか』ということになって、なぜかつながるのです。彼らのセルフスティグマも頭に入れたつなぎ方をすることが必要なんだと思います。再犯防止のためではなく、研究に協力してほしいからつながってほしい。そのことが本人の回復につながっていくのです」

初犯者への取り組み

松本の旺盛なエネルギーと熱情には頭が下がるばかりだが、これから取り組もうとしているアイデアについても語ってくれた。

「保護観察所や刑務所でプログラムをやるようになるなど進歩していますが、依然としてまったく進歩していない領域があります。それは初犯の全部執行猶予、保護観察なしの人たちです。刑務所に行けば刑務所のプログラムがある、保護観察所に行けば保護観察所のプログラムがある。でも、全部執行猶予で一番多くを失っていない人たちが、プログラムを受けるチャンスがないのです。

麻薬取締部（麻取）は、前からぼくらのプログラムのスマープを使ってやっていたのですが、でもそこで、薬を使いましたって正直に言うと逮捕されます。今年度から麻取のほうで、外部のワーカーとか心理の人を雇って、再使用のことをすぐに伝えなくていいような支援の仕方を考えています」

松本は、全部執行猶予の初犯の人にも、ボイス・ブリッジズ・プロジェクトのお節介な声かけの、執行猶予版を作りたいと考えているという。

「初犯の人たちは、仕事をもっているし家族もあるし、一家の大黒柱の方もいます。その方たちにダルクに行けと言っても、それは絶対に嫌だと思うのです。精神保健福祉センターの医療プログラムは、平日の九時から五時にやりますが、それも無理です。彼らは職場の親方からの信頼を得なければいけないから、仕事に邁進するんです。すると必要な社会資源は、夜や休日に通えるものであったり、ウェブサイト上のアプリであったり、時々かかってくるお節介の電話だけでもいいのかもしれません。依存症の軽い人たちも多いですから、全部執行猶予の人たちも孤立させない仕組みのようなものを作る必要がある」

専門職が考えるのは病院のプログラムであったり、九時から五時までのプログラムだったりするからつながらない。受け皿がないのではなくて、彼らのニーズにマッチする支援がないのだと松本は強調する。

刑務所体験のトラウマ性と回復

「ふるさとの会」では、事例検討会議のケース対象者として若年層が取り上げられる機会が増えた。非行や逸脱行動に手を染めてしまう若年のケースを見て気になるのは、ほぼ「愛着形成」の問題、「愛着形成が損なわれている」という問題をもつことだった。そして心的外傷（トラウマ）を負っている。愛着の問題と逸脱行為との関連についてどんな見解をもっているか、松本に尋ねたかった。

刑罰が逆に依存症から抜け出せなくさせている、と松本は言ったが、知的な障害があって累犯の人も受刑体験が更生につながらず、犯罪から抜け出せないという点で似たような事態が続いてきた。日本での刑務所体験はむしろトラウマティックであり、長く収容されればされるほど、社会復帰が困難になってしまう。薬物依存者の再犯を考えるとき、この、刑務所体験のトラウマ性の問題についてどんな風に考えているか。わたしはそう尋ねた。

「刑務所での生活はある意味で楽なんです。厳しいというけれども、自分で決めるのをあきらめ、ルールに従ってロボットのように動いていれば時間が過ぎていくんですね。それから反省が足りないようなことを口にすると、仮釈をもらえなくなりますから、いいことを言うようになるんです。嘘つきになってしまう。変な話ですが、依存症の治療は、もともとは刑務所をモデルにして作られているのです。隔離室にいる間は絶対にスポーツ新聞を入れてはだめ。なぜならば娯楽を与えることになるから。そういう発想です。でも刑務所にいると、その文化になじむのです。顔を合わせるたびに『大丈夫です、欲求は全然ございません』と言っていますが、本当はそうではないわけです。使ってしまうと恥ずかしくて、治療からドロップアウトしてしまう。刑務所で付けてしまった自分に嘘をつく癖を取るには、一年半くらいかかります。ところが、その間にドロップアウトをされることが多いんです。そこをどうつなぎとめるかがすごく大事になるのです」

もう一つはスティグマの問題だった。社会的なスティグマ。無視できないのがセルフスティグマだという。

「それは自分に対する『どうせ俺なんか、シャブ中だし』みたいな自己規定です。昨年一一月、『相棒』に登場したシャブ山シャブ子に、『依存症報道を考えるネットワーク』を通してぼくらはいろいろな申し入れをしていたのですが、それに対して一番クレームを寄せてきたのが、薬物依存の当事者です。『どうせ俺たちシャブ中だし、理解されようと思っても無理だし、そんなことをしたら益々社会からバッシングされるから、放っておいてくれ』、と言ってくるんです。これは完全なセルフスティグマだと思うのです。彼ら自身が社会的スティグマを内面化し、『ダメなやつ』という自己イメージに同一化している」

初犯では執行猶予が付くが、執行猶予期間中に再使用して逮捕されると長い服役になる。

「二回目以降も捕まってしまう人間は、他に病気をもっていたり、知的なハンディキャップをもっていたり、よほどトラウマを抱えて孤立しているとか、すごく生きづらさをもっている人たちです。一〇回二〇回とくり返す人は、ほんとに知的なハンディキャップをもっている人たちで、どう考えても福祉的支援の対象になる人たちです。

すごく重篤で、何度も捕まってしまう人たちは、過酷な生育背景をもっている人が多くて、そういった人たちに限って居場所を失い、家族も離散し、友達も離散し、どこの病院からも断られてしまう。住む家がないから、生活保護を受けながら簡易宿泊所からNA〔ナルコティクスアノニマス日本：薬物依存者の自助グループ〕に通い、一年間頑張れたらアパートを紹介してあげるから、と言われながらグループホームに移り、グループホームで一年間頑張れたらアパートだから、といって頑張ってもらう。でもトラウマのある人たちは、簡易宿泊所に怖い人がいて、その人に顔を合わせるだけで精神的に変になり、簡易宿泊所からも逃げ出すのです。いつになってもアパートにまでたどり着けなくて、NAやダルクでも落後してしまう人がたくさんいるのです」

いまの仕組みのままであれば、重いトラウマを抱えた人や知的な障害をもつ人たちほど、這い上がれないような仕組みになっていると松本は言う。これは支援の現場において、最大限に留意すべき課題だった。

薬物事犯の刑事裁判については触れる余裕がなかったが、弁護士の西谷裕子が次のように書いているのが目に留まった（＊2）。薬物事件については一昔前までは、どの事件も「金太郎飴」を切ったように同じ求刑・同じ量刑で処理されていたが、実際には、当事者一人一人に、薬物に依存するそれぞれに固有の理由があると指摘し、次のように書く。

「その理由を明らかにして、裁判で語りあげ、当事者を浄化させていくことができるかどうかは、まさに『情状弁護人の腕』なのであって、実は、弁護人による能力差も大きいと思われる」

そしてある案件を取り上げ、以下のように続ける。

「その行為が犯罪として過ちであったとしても、そこに至るまでの被告人の経験や思いには価値があり、彼／彼女が再生していくプロセスにも大きな価値があるのである。

情状弁護の被告人質問は、無罪弁護に匹敵する難しさである。制限ある時間の中で、犯行に至るまでの経緯を語り、事件後の治療の経緯や更生への決意を説得的に語ることは非常に難しい。特に、犯行に至るまでの経緯をどうまとめるかは、弁護人の熱意と力量の差が出る」

このように、従来の刑事裁判のやり方に挑むような情状弁護を試みる弁護人の存在に、直接松本の治療や治療観との関連を見るのは短絡かもしれない。しかし、薬物依存症は回復する病気であるという松本のメッセージが、広く深く浸透しつつあることの証左ではないかと推測することは、あながち間違いではないように思われる。おそらく松本の主張は、薬物関連の刑事弁護を担う弁護士たちにも、弁護活動をおこなっていく上でのある確信をもたらしているのである。

「罪を犯す障害者」をめぐって、福祉、医療など「社会的受け皿」の現場は確実に動いている。支援現場と呼応するように刑事弁護の在り方も先へ進もうとしている。検察庁も他職種との連携をにらみながら社会内処遇へと舵を切っている。このような潮流の中にあって、裁判所だけがただ一人、浜井浩一が指摘していたような「自分の職域以外のことには関心をもたない『良心的でプロ意識が強い』という裁判官の特性」を守り続けようとするのだろうか。問われるのは「情状弁護人としての熱意・腕」である、と書く西谷の文章を読み、改めてそんなことが思われた。

松本が話す通り、とにかくつながってくれる誰かがいること。居場所があること。迷惑を及ぼしながらも、再使用をしながらも、何とか社会生活を維持し続けること。そのことで孤立から守られること。そして社会がその存在を受け容れること。いかにそのことが大事かと改めて痛感されるのだった。

（＊1）講演と討議の記録は、『飢餓陣営49』（二〇一九年八月）に掲載している。
（＊2）西谷「覚せい剤依存症Ⅱ」（指宿信監修・治療的司法研究会編著『治療的司法の実践——更生を見据えた刑事弁護のために』〔第一法規・二〇一八年〕所収）

第一三章　協働的更生支援、これからの課題

――支援の理論と方法

「更生支援」をどう学んできたのか

二〇一九年三月一六日、水藤昌彦（山口県立大学社会福祉学部教授）に、インタビュー取材をする機会を得た。水藤は、「司法と福祉の連携」「協働的更生支援」という領域において、早い時期から研究を重ねてきた先駆者であり、理論的支柱の一人である。ここでのテーマの、現状と課題についいて話してもらうことが目的だった。いわば本書のまとめの章となる。

まず、その歩みから話してもらった。意外だったが、水藤は日本では福祉やソーシャルワークの専門教育を受けていないという。立命館大学国際関係学部を卒業後、オーストラリアのメルボルンに渡り、そこでソーシャルワーカーの登録資格を取った。そのまま永住したかったが、そのためにはビザ登録が必要で、登録には就労経験が必要になる。いったん帰国し、大阪で児童養護施設を運営する法人の障害福祉施設の支援員として採用になった。そこで初めて強度行動障害の人に出会い、自閉症についての理解を深めていった。

メルボルンに戻ったのは二〇〇〇年。オーストラリアの公務員採用は一般の職業と同じように、特定の業務を担う職員の求人広告が新聞に出る。それを見て応募し面接。その結果で採否が決まる。

面接は独特なものだった。架空事例を渡され、すぐにその場でアセスメントをさせられる。三〇分ほど個室に入り、「架空事例の記録をもとに考えると、あなたは支援として何をしますか」と問われ、自分の意見を書いて提出する。それから面接が始まるのだが、それまでの職業体験にもとづいた質問をたくさん出され、募集しているポジションで求められる業務に耐えられるかどうかが徹底的にチェックされた。

「この試験を経て、ビクトリア州政府のデパートメント・オブ・ヒューマンサービス（DHS）という役所に採用されました。日本でいう厚生労働省に近い機能をもつところです。いま名称が変わって、デパートメント・オブ・ヘルス・アンド・ヒューマンサービス（DHHS）になっていますが、そこのディスアビリティサービス（障害福祉サービス）に、ケースマネージャーとして就職することになりました。日本で言えば、厚生労働省に直接雇われている相談支援の専門員、そんな感じですね。役所が直接運営しているのですが、州ですので管轄範囲が広いし、オーストラリアは連邦制の国なので当時は障害福祉サービスが州ごとに違っていました。ちなみに刑事司法制度も州によって違います」

水藤はそこで、知的障害と統合失調症を併存させている一人のクライアント男性と出会った。四〇過ぎで粗暴行為をくりかえす人だった。水藤はその時、犯罪行為をした知的障害者を対象に個別プログラムの作成に取り組んでいる臨床心理士と出会った。その四〇代の男性について「自分はこういうケースに興味がある」といったら、「だったら、ちゃんとトレーニングを受けたほうがいい」と助言を受けた。メルボルン大学大学院の夏季集中コースに、「知的障害のある犯罪行為者のアセスメントとトリートメント」という科目があり、職場派遣で受講できることになった。

司法と福祉領域へ、さらに接近遭遇する

水藤の僥倖はさらにつづく。職場がスキルアップのための奨学金を出していて、応募をすると合格した。刑事司法とかかわりをもった人へのソーシャルワークを専門にしている研究者が所属する大学院があり、デパートメントで働きながらそこで修士課程を終えることができた。デパートメントで担当していた業務の一つは、「知的障害があり犯罪行為にいたった少年・成人の社会内処遇」だった。担当していたクライエントは、下は一四歳程度から上は六〇代まで。水藤は言う。

更生支援計画を作って裁判所に出す、という仕組みはビクトリア州では法律的に位置づけられている。裁判所の職権で計画の作成を命じる制度があり、その命じられる先がＤＨＳだった。

「わたしはそこでアセスメントをしてプランを作り、実際にそれを運用するためのコーディネーションをする仕事に携わっていたのです。向こうの役所は転勤がなく、次のポジションには自分の意思でアプライ（応募）します。たまたま上司に恵まれ声をかけてもらうことになったので、七年間で四回くらい、ＤＨＳのなかでポジションを動きました。プランを作って裁判で証言をしたり、実際にそのプランを運用したり、矯正施設からの釈放時援助もするので、釈放予定の人への支援とか、サービスのコーディネーションのようなことをやっていたのです」

しばらくすると、日本から見学者がやってきた。南高愛隣会が「知的障害者による刑事事件」の研究事業をやり始めた時期だった。この交流を機に、日本の福祉関係者との関係がさらに密になり、

結局水藤は二〇〇七年に帰国する。大阪で自閉症支援を得意にしているある法人の常務理事から誘いがあり、それを受けた。すると国立のぞみの園が待ち構えていたように水藤の元に連絡を入れてきた。

「話を聞くと、知的障害があって犯罪行為をした人を何年か前からモデル的に受け入れて支援し、同時に職員養成にも取り組み始めている、ところが、そういう取り組みを日本の障害福祉の領域ではやっていない。ノウハウも不足しているということでした」

そこで、のぞみの園の担当者に大阪まで足を運んでもらい、話を聞くと、「触法領域の知識を求めている。自分たちがやっている研究検討委員会が今度東京であるから、是非来てくれ」と請われ、出かけて行った。当日、会場で意見を求められたので話すと、のぞみの園の理事長に「いまの内容を職員に伝えてほしい」と言われ、職員研修に加わることになった。

「当時は、どのように支援するかについては手探りでした。例えば、再犯についてどう考えるか、再犯リスクをどのように考えるか、そういうノウハウは日本の障害福祉の領域ではほとんどなかったのです。職員研修会でその話をすると、のぞみの園を定期的に訪問し、支援や研修について一緒に考えて欲しいということになりました。大阪の法人に在籍しながら、月に三日か四日くらい通うようになったのです」

しかし大阪の施設も立ち上げたばかりで、施設長としての仕事と、のぞみの園をはじめとする障害のある犯罪行為者への支援の仕事の両立がだんだん難しくなってきた。水藤が悩み始めたとき、山口県立大学が司法福祉論を担当する教員を募集していた。二〇一一年に採用され、大学に移った。

それ以後ものぞみの園とのかかわりは続き、定期的な訪問、研究事業や全国研修事業などに携わってきた。また地域生活定着支援センターが全国にできて、そこでの事例検討や研修をスーパーバイズできる人間が求められており、定着支援センターとのかかわりも深まっていった。さらには生徒指導上、対応に困る子どもたちがいるということで、教育委員会からの依頼で、小中学校の教員研修の講師もするようになった。学校の巡回相談に一緒に行くという活動も、始めてから八、九年になる。

「多くの場合、発達に課題があるお子さんだったりします。また、親御さんも何らかの困難を経験しているケースもあったりして、その市では『特別支援教育の視点を取り入れた生徒指導』という考え方を、中学校の先生に広げようとしています。その研修に行くようになったのです。そうしたら学校の校内研修に呼ばれ、たちまち、うちにもこういう子がいて、ああいう子がいて、という話になって（笑）、今はその支援もやっています」

アセスメントや支援にあたり、どういう理論的な枠組みで考えるのか、現場ではまだ確立していないのが現状であり、大学に籍を置きながら実務にもかかわり続けてきた。中学生から成人まで、司法と福祉の課題を併せもつ領域で、水藤のもつノウハウと知見は広く求められていた。

人が変わる契機と「更生」

大学での水藤はソーシャルワーカーの養成が専門だが、刑事法にも詳しかった。この辺りの事情について尋ねてみた。日本の刑事政策の領域で、かねてより修復的司法とか治療的司法などは研究されてきている。水藤は、もっとこの領域の研究をしたいと考えていたが、福祉やソーシャルワークの領域ではそうした研究はされてこなかった。結局、九州大学法学部の土井政和教授（現名誉教授）のところに行かせてもらうことになり、そこで刑事法の研究者たちと知り合った。

「いま佐藤さんがおもちの本（『司法と福祉の連携』の展開と課題』）の編者は、わたし以外はみんな刑事法研究者で、森久智江さんはわたしの姉弟子です。この本の執筆にかかわった刑事法の研究者は、日本のなかでは犯罪行為をした人の権利の問題や回復の問題に、かなり理解を示している人たちだと思います。わたし自身は刑事政策を勉強しつつ、実際にかかわっていることはソーシャルワークです。

これからは心理的な視点も重要になってくるので、心理療法、心理治療的なことも勉強しているところです。また、主に知的障害があって、性加害行為をした人に対する支援やかかわりの在り方を細々とグループで研究したりもしています」

水藤はエネルギッシュに現場での支援活動を続けながら、領域を広げるための研究も深めようとしている。それにしてもなぜ犯罪領域へ、しかも知的障害をもつ人たちの犯罪行為へと関心を向けるようになったのだろう。

「小学校六年生か中学校一年の時に、家にあったカフカの『流刑地にて』を読みました。それをきっかけに、逸脱行為をする人に対して社会がどう見るか、興味をもつようになりました。そんなこともあって、中学校高校のころから刑事政策にかかわる本を読んでいたのです。刑務所に入った人の体験記、米軍占領下における沖縄の刑務所、そんな本です。大学は国際関係学部だったのですが、他学部受講の制度を使って、産業社会学部の社会病理学をずっと受講していました。あれこれのそうした関心が、メルボルンで就職をしてクライエントを担当した時に、すべてつながったのですね。勉強をすればするほどすごく面白い。それが今にいたっている理由です」

逸脱行為をすると多くの人が行為者本人を責める。非難して処罰しようとする。でもそれで逸脱行為が収まるわけではない。加害者は変わることができるのか。できるとするならば、そこにはどんな契機があるのか。

「社会システムが社会システムとして成り立っていくためには、非難して処罰をするというルールを、完全に〝なし〟にはできない。わたしはそう考えています。一定程度は非難して処罰をするというルールをキープしなければならないが、でもそれだけでは本人の行動は変わらないことが多い。犯罪行為を止めて、本当に変わっていくためには何が必要なのかと考えていくと、じつはこれは犯罪だけの話ではないのですね」

人が行動を変えるとき、自らの置かれた状況を自身がどうとらえるか。そしてどう反応するか。そのことが密接にかかわっている。

「虐待の問題、不登校の問題、いじめ、人が人として生きている限り避けることのできない色々な軋轢があります。一見すると犯罪には直接関係していなさそうに見えるそうした現象が、実は犯罪行為にいたる背景につながっている。そこがとても興味を惹かれたところです。刑事司法の対象となってくる人は、高い確率で過去に何らかのトラウマティックな経験をしている。逆境的な環境で生きている人が圧倒的に多いですね。そうすると、その経験が意味するところをできる限り理解することが大事になり、そこがすごく面白さを感じるところでもあります」

水藤のように専門的な研究を深めているわけではないが、わたしもまた同様の印象をもっていた。石川恒と「かりいほ」、「ふるさとの会」。そこでケースとして上がってきた人たちは、水藤が指摘する通り、ほぼ全員が苛酷な生活歴を抱え深刻な内面の危機を体験していた。すでに書いているが、生活歴をたずね、その人がもつ「人生の物語」をどう共有するか。その相互作業のなかで、どうよりよい物語へと変えていくことができるか。そこに「かりいほ」や「ふるさとの会」における支援のカギがあると感じ続けてきた。だから水藤の話は、わたしなりに深く得心するものだった。

司法と福祉はどこまで「協働」できているか

話題を変えてみた。水藤はこれまでのぞみの園を始め、多くの支援現場でスタッフの養成に携わってきた。当初はほとんど支援のノウハウがない状態だったというが、一〇年を経てどこまでスキルアップしているだろうか。しているならば、どんな点だろうか。

「一〇年前に比べたら、だいぶ変わったなとは思います。福祉による支援が一〇年間展開されてきて、支援をすることの第一義的な目的が『再犯防止』ではないのだということが、ある程度は支援者のあいだに行き渡ってきたことは感じます。始まって間もないころは、調査をすると、『我々には再犯防止のスキルがないから、かかわれません』という声が如実に返ってきました。再犯が防止できない限り自分たちは関われません、という考えは決して珍しいものではなかった。言い換えれば、福祉による支援は再犯防止のためにあると、多くの人が考えていたわけです」

これまで紹介してきたキーパーソンたちと同様、水藤もまた同じ危惧を抱いていた。

「『自分たちのやっていることは再犯防止ではない』ということが、支援者のあいだで一定程度受け入れられ、前提とされるようになってきたという変化は、刑事政策の研究者の主張に負うところがすごく大きいと思っています。刑事司法には何ができて何ができないか、強制という契機のどういうところが有効で、どういうところでは謙抑的であるべきか、刑事政策の研究者はずっと考えてきたと思います。わたしは、そうした先行研究から多くのことを学べたので、『福祉による支援は再犯防止を第一義的な目的とはしていないですよ』、ということをはっきりと言えるようになりました。わたしだけではなく、他にも同様の主張をする人が出てきて、その意見が広がったということですね」

第一〇章で、検察庁でソーシャルワークをしている社会福祉士の「野戦場でのトリアージだ」という発言を批判的に引いておいたが、福祉が司法の「下請け」になるか、文字通り「協働支援」のパートナーとして自立した存在になるか、ここが岐路になる。

「大阪府地域生活定着支援センターとアドバイザー契約をしているので、大阪で事例検討や研修にかかわることが多くあり、そこから感じるのですが、地域包括支援センターや相談支援事業所の職員のあいだで、刑事司法とかかわりをもった人の話題が普通に出てくるようになりました。かかわるにあたって、当事者の生きづらさを少しでも改善するための支援が自分たちの役割であり、結果としてその人が再び犯罪をしなくても生きていけるようになれば、それが再犯防止になる、という方向が共有されてきました。それは大きな前進と言えるのではないでしょうか」

司法と福祉の連携の難しさは、〝文化の違い〟とか〝ことばの違い〟という言われ方で説明されることがある。それを超え、司法と福祉が同じ土俵で、同じ方向を共有して対話できるようになった。「前進」をそう受け取ってよいか。そんな問いを発してみた。

「そうですね。ただ、双方に対して同じことが言えるわけですが、刑事司法の側にも問題があるわけです。成人についていえば、個人の事情はほとんど考慮せず、どこまでも行為に対する責任を追求していこう、という考え方であるとかですね。わたしは、一番問題が大きいのは成人に対する矯正だと思っています。成人に対する矯正のありかたはあまりにも管理的ですし、処遇環境が社会とかけ離れているので、刑務所に適応すればするほど社会には適応できなくなる。刑務所のなかで良しとされる行動様式に適応したら、社会に出たときに、人と社交的には付き合えなくなるでしょう」

共同研究をしているオーストラリアの研究者が、水藤にこんなことを言ったという。刑務所に一年収容されていたとする、釈放されて、社会で適応的に考えたり行動できたり回復するまでには一カ月かかる。二年収容されていたら二カ月かかり、三年だったら三カ月かかる。一〇年以上収容されていたら年単位でないと回復しない。社会生活ができない。それが日本の刑務所の現状だった。

「刑務所に収容されることによって生じる困難はPTSD体験だと考えればいい、という説明を、そのオーストラリアの研究者が学生にしているのを聞いて、すごく納得しました。加えて『更生支援』というのであれば、いまの裁判手続きが、支援の過程をどこまで考慮したものなのかという問題もあるでしょう。やるべきことはいろいろあります。福祉と司法が、ちょっとずつ話ができるようになってきているとは思っていますが、両者をつなぐことのできる人材が圧倒的に少ないのです。ある程度、刑事司法が分かっている福祉の支援者、ある程度福祉が分かっている弁護士や保護観察官、そういう人がまだまだ少ないのが課題だと思います」

「司法と福祉の協働」というテーマにあって、両者を架橋できる支援者をどう増やすことができるか、これもまた今後の重要な課題だった。

「司法と福祉の連携」、この一〇年の変化をどう見るか

再び話題を変えた。今回の取材で、最も知りたいところだった。司法と福祉の乗り入れは、すでに二〇〇〇年代の初めから始まっているのだが、この一〇年で、連携の在り方に質的な変容が起こっているのではないか。現在進められようとしている「司法と福祉の協働」による支援、あるいは「治療的司法」や新しい情状弁護。これらは、従来の「司法と福祉の連携」とどんな点が変わってきているのか。水藤自身はどう受け止めているのか、その点について尋ねた。あくまでもわたしが理解する限りでの話ですが、と断って、水藤は次のように語っていった。

「二〇〇一年に浅草での事件が起こった後、山本譲司さんが『獄窓記』を書かれ、南高愛隣会の田島良昭さんが研究会を立ち上げて、その結果として地域生活定着支援センターができていった。そこから釈放時援助のシステムが、二〇〇〇年半ばから動き始めました。そこを起点として考えると、当初は『刑事司法手続きの終わりの段階で、司法と福祉の狭間に落ち込んだ人、そこで困っている人がいて、この人たちを救済する』という、困窮した人の釈放時援助があの時の発想

だったと思います。

また、それまでにもいくつか流れがあって、副島洋明先生が本に書かれているように〔第六章参照〕、刑事裁判のなかで障害のある人がどのように扱われているか。あるいは冤罪の問題。刑事弁護の領域における司法弱者といいますか、そういう人たちの問題もありました。これらがだんだんクロスしていったのだと思っています。定着支援センターなどで釈放時援助にかかわっていた人たちが初期の段階から言っていたことは、ここで支援対象者とされた人たちは、刑務所だけの問題ではないということです（＊1）」

『自閉症裁判』以来のテーマがここにあった。のちに「軽度知的障害者」と呼ばれるようになる人たちの課題がクローズアップされるようになったのも、「法に触れる障害者」の問題が少しずつ共有されるようになったことと時期を同じくしている。その問題のありかがどこにあったかはすでに触れてきたが、水藤なりに次のようにまとめてくれた。

「そもそもどうしてこの人たちが刑務所に入っているのか。話を戻せば捜査段階の問題であるし、もっと戻せば、捜査の対象になるかならないかというぎりぎりのところで生きている人たちは、もっと数多くいるわけです。それは地域における福祉の問題だったり、医療の問題だったりもする。

そのなかで刑事弁護活動に協力して、兵庫県西宮市で相談支援事業所に勤務していた原田和明さんが更生支援計画を作り始める。そのような活動の対象となった人の属性や、その人達が経験していた問題は釈放時援助の人のそれと同じなので、そこが近づいてくるわけです。そして定着支援センターの一部が、被疑者・被告人段階での支援を積極的にやり始める。例えば千葉とか兵庫とか、長崎もそうですね。すると釈放時段階から今度は捜査段階に、と支援が広がりを見せていく。そういう流れがありますね。これはこの一〇年のあいだでの大きな変化だと思います」

権限拡大をねらう検察庁

近年の検察庁の動きについても水藤は触れた。

「検察が入り口支援を熱心に進めているわけですが、こうした動きは、検察庁にとっては、これまでやってこなかった領域への進出を通じた権限の拡大という面もあると思われます。歴史的に見ると、昭和三〇年代に横浜地検を中心に行われていた『横浜方式』といわれる、条件付き起訴猶予の試行への回帰に繋がる可能性があるのではないか。刑事法研究者によってそう指摘されています。これは、検察官が準司法官として振る舞うことができるようになるということです。裁判所の代わりに実質的な処分決定ができる。戦後一貫して検察庁は権限の拡大を狙っていくわけですが、近年のいわゆる入り口支援の試みは、そこにマッチしているとも考えられます。

一方で対社会的には、検察庁による入り口支援は困っている人たちへの救済であると同時に、再犯防止に資する、刑事政策に積極に与することになるといえるわけです。そういう検察庁の思惑のようなものも、被疑者・被告人段階でのいわゆる入り口支援にはあるのではないかと思います」

検察庁と法務省が、さまざまな機会をとらえては権限拡大の意図を実現させようとしていることは、二〇〇一年の池田小学校事件の後の医療観察法制定の時にも一部の医療者から指摘された（＊2）。さらには二〇一六年、神奈川県相模原市での「障害者殺傷事件」の際も、法改正の提案が、「措置入院解除後」の警察の介入権限の拡大だと指摘され、「精神病者の地域監視ではないか」と批判がなされた。水藤が指摘するとおり、検察庁による、福祉との連携というスタイルをとった「入り口支援」は、司法弱者の救済という誰も反対できない名目のもとでなされている。水面下で進めようとしているこうした検察庁の意図に対し、どこまで福祉の側が（もちろんわたしたちも）自覚的で批判的な眼差しをもつことができるか。連携が進むにつれ、それはますます重要な課題になっていくと思われた。

さらに水藤は、司法が求められている変化の例として、次のことを述べた。

「別な観点として、保護観察官が変わっていかないといけないという要請が、ここに加わるわけです。観察官がもっとアセスメントができないといけないとか、変わっていかないといけないという思考が、保護局にはあるのだろうと思っています。新しいアセスメントツールを作る作業を一緒にやらせてもらっているのですが、保護局の方と話すと危機感が強いようにも感じます」

保護観察官の多くは、行政職として採用されてきた。必ずしも全員が対人援助を専門的に学んできたわけではない。面接やアセスメントについてのトレーニングをしてきたわけでもない。ところが、だいぶ事情が変わってきた。

「今こうやって、刑の一部猶予制度が入ってきて、いままで以上に観察官が保護観察対象者にかかわる期間が長くなり、また対象者像もより複雑になってくると思われます。成人の仮釈放に伴う保護観察などであれば、多くは数カ月で終わるわけです。ところが、刑の一部猶予制度のなかでは、年単位で対象者とかかわっていかなければならず、処遇力を上げないといけないという要請があります。一方で、自分たちではいかんともしがたい部分については、福祉との連携だという考えもあるわけです。

この一〇年くらい、刑事政策的にはこれまでとは比較にならないくらいに、次から次へと改革をしてきています。偶然の要素もかなりあると思いますが、これらのことが並行して進み、相互に影響し合っていったのだろうと思います」

では福祉の変化はどうだろうか。水藤は、生活困窮者問題をあげた。

「生活困窮者への取り組みで画期的だったのは、これまでの社会福祉とは違って、対象設定の基準が年齢でもなければ障害でもないというところですね。刑務所に来る人のほとんどが生活に困窮していますから、困窮者の問題が取り上げられ始めたとき、これはいい流れだと思いました。また、財政的な問題もあって、厚生労働省が『我が事、丸ごと』を言い出だした。そうすると、地域には必ず刑事司法とかかわりをもつ人が存在するので、この問題をもっと正面から、福祉の問題、地域社会の問題、社会的孤立の問題として考えるべきだ、それをするに当たっては生活困窮者という切り口から捉えられないかというように、両者がうまく合致してきていると思います」

ただ、みんなどうしていいかよく分からないという事情があるかもしれない、とも言う。たしかに制度は縦割りであり、支援する側もその縦割りのなかで支援の在り方を考えてきた。石川恒の批判する「枠の支援」である。水藤の指摘をわたしなりに言い換えれば、もう縦割りの思考では問題をとらえきれなくなっているということである。

「福祉の領域の人も『困窮者の問題って大事ですよね』とは言いますが、具体的に研究をしていたり、教育をしている方がすごく少ない、という事情もあると思います。まったく経験がないわけでもなくて、いわゆるホームレスの状態にある人たちの支援や、生活困窮という領域でやっていくと、刑務所から出てきた人、刑事司法と接触したことのある人がそこには一定数いる、というか常にいたわけです。大阪でも、居住支援をしている団体の中には、昔からこの問題にかかわっているところが多いですね」

秋山雅彦が指摘した「ふるさとの会」の現状や支援の内情は、まさにこのことを示していた。

重大事犯ケースの「更生支援」をどう考えるか

現在の更生支援の主たる対象者は、比較的軽微な犯罪をくり返す人たちである。一方で、殺人や放火など、結果が重大な犯罪になった時でも、「入り口支援」「出口支援」という基本的な考えの枠組みを援用することはできるのだろうか。もう一つ気になっていたのはこの点だった。水藤の答えは次のようなものだった。

「その問題については、被疑者・被告人段階なのか、釈放時の援助なのかで大きく違うと思っています。被疑者・被告人段階で、なぜこれだけ連携を求めているかというと、いわゆる軽微な犯罪をくり返す人に対して、拘禁以外の方法を用いることはできないか、ということだと思うのです。刑事弁護をしている弁護士さんと話をしていても、更生支援計画が一番求められるのは、執行猶予かどうかを争う事件、実刑が間違いないとか、状況から考えて執行猶予が間違いなさそうだとか、そういうときよりも、執行猶予になるかどうかを争うような事態になってきたときだ、という話を聞きます。そういう場合は更生支援計画を作成することが弁護戦術上有効である、となりやすい。

つまりこれは比較的軽微な犯罪の拘禁刑からのダイバージョンの試みであり、この点は他国のダイバージョンと共通しています。いかに刑事司法でなくともよい対応が考えられるか。これが一つですね。そう考えると、拘禁を回避するための試みという意味合いが含まれやすい被疑者・被告人段階での更生支援は、重大な犯罪には適用されづらいと思います」

ダイバージョンとは通常の刑事手続きを回避し、非刑罰的な方法で対応することをいう。一方、水藤は、釈放時援助（出口支援）のところでは、重大事件の人も対象になっているという。

「地域生活定着支援センターでは、殺人、現住建造物放火などの罪で受刑していた人を支援したところも決して珍しくないと思いますし、釈放時援助の段階では少しずつかもしれませんが、重大犯罪をした人も対応されてきていると思います。殺人をした人による殺人の再犯率は非常に低い、ということは研究でも明らかです。ただ既存の福祉や医療、心理という資源のなかで対応しようとしているので、現場の方と話していると『もっと問題なのは、性加害行為と放火だ』ということを聞きます。この二つの罪種は、場合によっては『依存（アディクション）』という側面から考えていく必要がある。

となってくると、もっとアディクションへの対応のしかたとか知見を取り入れていく必要があって、そうした知見やスキルがないまま、福祉が連携したのだから福祉施設で受け入れますというのは、わたしは危険だと思います（＊3）」

わたしが「ふるさとの会」の事例検討会で、課題意識を強くもっているのはまさにその点だった。スタッフの支援力は高い。支援についての基本的な方法や理念は、どの職員にも共有されている。ところが、一人一人に応じる形で信頼関係を創り上げ、仲間との協働的な互助の関係を築いていく支援だけでは、どうしても対応しきれない利用者が出てくる。力量あるスタッフにあっても、このことは避けられない。依存性や習慣性、トラウマの問題などの大きい利用者に対しては、どんな点に配慮すべきか。水藤は次のように指摘した。

「環境を調整することで加害行為が止まる人と、本人の認知やそれまでの学習とか、物事のとらえ方に問題があって、そういった個人内因子への働きかけを必要としている人では対応の仕方が違うと思っています。もちろんそれは白か黒かで分けられるものではなく、混ざり合っています。グラデーションだとは思うのですが、環境よりも個人内の問題性が高い人たちに対して、例えば本人の認知に対する働きかけとか、問題解決の仕方への働きかけのないままに、福祉で受容して環境調整すればなんとかなりますというのは違うのだろうと思っています。そこに対する知見が日本はまだ不足しています」

欧米圏を中心に、イギリス、アメリカ、カナダ、オーストラリア、ニュージーランドなどが、治療的かかわりにおいては長い経験をもつ。そこから学べることはたくさんある。そう水藤は言った。

愛着形成とトラウマの問題

「ふるさとの会」では、事例検討会議のケース対象者として若年層が取り上げられる機会が増えた。そこでわたしが感じてきた疑問について水藤がどんな見解をもっているか、是非とも知りたいと考えていた。第一二章でも触れたが、非行や逸脱行動に手を染めてしまう若年のケースを見て気になるのは、愛着形成が損なわれている、結果「心的外傷体験」をもつという問題だった。愛着やトラウマの問題と逸脱行為との関連についてどんな見解をもっているか尋ねた。

「愛着との関係で思うことは、一つは『学校の暴力性』の問題があって、もっと言えば先生ですね。子どもたちの粗暴行為とか暴力行為のなかには、先生から学習しているとしか思えないものに出会うときもあるんですよ。とくに中学校は、先生が力で抑えようとしますね。発達に偏りのある子にそれをすれば、その子どもにとっては被害体験になり得ますから、やられたことと同じことを外でやる場合があるわけです。

家庭、つまり親からの暴力でも同じです。子育てに対するサポートのなさもありますし、いまの日本の社会では（日本だけではないですが）、自己責任が強調されて、自分で何とかしろ、できないのはあなたの責任なんだから、というプレッシャーがすごく高いから、弱音がはけないし、人になかなか言えない。子育てがしんどくて、場合によっては子どもに向かって大声を出したり、手を上げてしまうようなことがあっても、ばれたら通報されるんじゃないか、責められるんじゃないかと思うと、誰かに助けを求めようとはなかなか思えない」

ここから水藤は、児童虐待の問題にも触れていった。自民党の言う「児童虐待対策」としての警察と児童相談所の連携の強化について、次のように述べた。警察はあくまでも捜査機関である、警察との連携が必要な局面があることは理解するが、警察官が受けているトレーニングは、根本的な家族の問題に働きかけるものではない。そう述べ、続けて言った。

「教育における暴力の問題、家庭における暴力の問題、その関連要因として子育て支援の不足という問題がまずあって、そのうえで、児童福祉、児童養護施設とか児童自立支援施設の在り方という問題ですね。たとえばわたしが知っていたある施設では、男性職員が頂点に立って女性職員を従わせ、その下に子どもたちを置いて支配していた。もうかなり前の話ですから、いまは変わっていると思いますが、当時は子どもが問題とされる行動をすると、男性職員が子どもと女性職員を一緒に叱責していました。

児童養護施設の職員なかに、児童養護施設の出身者がいます。そのこと自体が悪いとは思いませんが、彼らは、何をどうすれば子どもたちがいうことを聞くかということを、実体験で分かっているわけです。そうすると、なかにはその経験に基づく知識を使って子どもを管理する、コントロールすることを考える職員が出てくることがある。こうした問題は児童養護施設出身ではない職員にも見られることはあるでしょうが、いずれにしてもそれは力による支配であり、まったくセラピューティックではない。トラウマインフォームドケアとか、セラピューティックコミュニティとか、そういった当事者が経験した困難の意味にきちんと向き合うケアがもっと根付いていく必要があると思っています」

ただ、これはすごく難しいし、時間もかかる。しかし、少しずつやっていくしかないと付け加えることも忘れなかった。まったくその通りであると思われた。さらに以下、水藤は続けてとても重要なことを述べていった。

愛着の問題やトラウマの問題は水藤も重要だと思っていると言う。最近、海外でサービスの状況に関する調査をしているときに、「ここで提供しているケアやサービスの理論的な基盤は何ですか」と聞くと、トラウマインフォームドケアを挙げるところが増えてきた。アメリカで五、六年前にトラウマインフォームドケアに関するガイドラインが出てから、この問題がより広く認識されるようになってきたと水藤は言う。

「刑事司法と接触した人たちから生活経験を聞くと、どう考えてもこれはトラウマ体験だろうと思われるような出来事が多いので、やはりそこは重要な切り口ではないかと思っています。トラウマインフォームドケアでは、支援者は支援対象者の経験したトラウマによって生じる影響を十分に認識する。そして、再トラウマ体験を避けるとともに、支援者自身のトラウマも認識され、両者のトラウマにきちんと配慮した形でのサービスの運営を考えようとします。

こうした組織運営も含めて、よく組織の文化という言い方がされることがあります。トラウマに配慮したサービスという考え方は、日本の福祉施設とか病院にはまだまだ不足しているところが多いと思っています。そのためもあって、なにかというと対象者を管理してコントロールしようとするのです。学校もまさにそうです。愛着の問題とともに、この問題も根源にあるのではないか、というのが今現在でのわたしの問題意識です」

「無罪推定原則」との緊張関係、という課題

ここまで多くの方に話を伺いながら、「司法と福祉の連携」「更生支援」という領域で何が課題となっているか取り上げてきた。刑事司法や福祉そのものがもつ問題。福祉の司法化の問題。定着支援センターをはじめとする制度のもつ問題。今後の課題について水藤に尋ねた。

「現在、もっとも重要だと思う課題は、刑事司法と福祉をはじめとする対人援助との連携を制度的に位置付けていこうとしたとき、とくに被疑者・被告人段階でダイバージョンという制度を入れていこうとしたとき、『無罪推定原則』との間に緊張関係が生じてしまうことです。このことはとても大きな問題で、この点を理論的に研究したいというのが、『「司法と福祉の連携」の展開と課題』のもととなった研究を行った『刑事立法研究会』の次の研究テーマです。これはものすごいジレンマです」

前節ではケアにポイントを置いた内容だったが、ここでは裁判制度に直結する話題となった。

「有罪認定された人に対して、オーストラリアは手続二分なのです。有罪認定する段階と刑を言い渡す段階が分けられていて、有罪認定をした時点でいったん審理を延期し、もし裁判所が非拘禁刑を言い渡すことを考慮しているのであれば、更生支援のためのアセスメントをしてプランを出すようにDHHSに対して裁判所が命令する。それを基に最終的な判決を考えますということが可能なのですが、日本ではそれができないのです。

それから、日本の裁判所は判決前調査自体を採り入れる気がない。このような手続き上の問題とどう整合性をつけるのか、という議論をすることなく、福祉、心理や医療と連携した更生支援

を考えるだけでは限界があるのではないか、という批判が刑事法研究者のなかにあると思っています」

わたしが、司法と福祉の「協働」というテーマの重要さを教えられ、取材を進めるにつれて気づかされたのが、水藤が指摘する推定無罪原則との微妙な関係であり、裁判員裁判における有罪認定（事実認定）と刑の言い渡し（量刑判断）の問題だった。第一章で浜田寿美男がこの点を力説していたが、水藤の話はここにつながる。さらに言う。

「また、ダイバージョンはすごく重要なのですが、わたしの関心事はダイバートした後のことです。ダイバートして心理や医療や福祉につないだ後に、そこで本当に実効的にその人の問題に働きかけることができるような枠組みであったり、理論的基盤であったりスキルであったり、あるいはプログラムであったりというようなものがまだまだとても少ない。そこを充実させていかないと、本当に本人の生活を良くしていくような支援にはならないと思っています。福祉とつながったからよかったね、というような単純な話では全然ないはずです。そこがとても気になっているところです」

今の発言は、本書のテーマのなかでも最も重要な課題だった。「かりいほ」や「ふるさとの会」での研修会や事例検討会議に学び、少しでも明らかにしようとしてきたことは、まさに「福祉とつながってよかったね」ではなく、「どういう方法で支援するか」「どういう理論的な基盤をそこに作れるか」ということだった。もしそこにわたしたちなりの特徴があるとすれば、現場スタッフに活発な議論を求め、そこでの内容を整理しながら支援論としてまとめてきたことだろう。

これまで旺盛な発言を続け、この領域を理論的に牽引してきた水藤が、さらに今後どんな見解を示してくれるか、強い共感と大きな期待とともに注目していきたい。

（＊1）石川恒は数少ない先駆者の一人だが、水藤は石川恒に触れ、次のように書いている。「地域生活定着促進事業が開始される前から、知的障がいなどのある犯罪行為者の支援に長年にわたって積極的に携わってきた石川恒は、支援対象者は『生きにくさを抱えた人』であって、矯正施設に収容されたか否かは問題ではなく、孤立しているか否か、居場所があるか否かであるかが問題であると指摘している」（「対人援助ニーズを有する犯罪行為者への福祉による支援の理論的位置づけ」『司法と福祉の連携』の展開と課題』・二〇一八年・現代人文社・所収）

（＊2）富田三樹生「日本の精神医療と刑事司法」『樹が陣営28　自由・社会的逸脱・精神医療』（二〇〇四年一一月発行）所収。

（＊3）アディクションについては松本俊彦『アディクションとしての自傷』（星和書店・二〇〇二年）、松本俊彦編「こころの科学2002「助けて」がいえない」（日本評論社・二〇一八年）を参照。またシドニー・ブロック著・竹島正監訳『こころの苦しみへの理解』（中央法規・二〇一八年）がメンタルヘルス全般についてのガイドブックとして有益である。

エピローグ　新しい更生支援のその先へ

とまどうワーカーたち

本書の主題である「司法と福祉の協働」。その一翼を担うのが、社会福祉士や精神保健福祉士など、ワーカーの存在である。連絡調整、面接、アセスメント、更生支援計画の作成、公判での証人出廷。この間、わたしは現場のワーカーたちが、「司法との連携」をどう受け止め、具体的な実践のなかでどんなことを考えているか、できるだけ耳を傾けてきた。以下は、さまざまな場所で、さまざまなかたちで、さまざまな方々からリサーチした「声」を、わたしなりにまとめ、再構成したものである。まずは「そもそも論」があった。

――「入り口支援」「出口支援」と分けているが、今の仕組みでは、一人のひとに継続した支援ができにくい。逮捕前、逮捕時、処分後、受刑中あるいは処分中、出所後、とそのつど支援者が別の人間になってしまうという問題がある。さらに言えば、司法と接触し、刑事手続きに乗る前からの仕組みに課題があり、地域福祉や精神保健が、地域で暮らす対象者（本人）を、十分にカバーできていない。刑事事件を起こしてやっと「支援」の場に登場することになるが、どの社会資源ともつながっていなかったということが、そもそも問題ではないか。

刑事事件になる以前からかかわる仕組みがあり、そのなかで刑事事件を起こしたのであれば、支援者は変わることなく継続した支援ができる。本当に支援の必要な人に届いていないという現状があるからこそ、軽微な犯罪をくり返す人が出てくるのであり、刑事司法上でどう連携するかという以前に、ワーカーには議論することがもっとある。

例えば次のような問題。障害福祉サービスは申請主義であり、本人が申請に来ないと支援につながらないという仕組みは、必然的に取りこぼしを出す。近年、保健所が中心になってアウトリーチをし、引きこもっている人に声をかけるようになっている。しかし民間の事業者は家庭へのアウトリーチはできにくい。公的な機関の保健師が、訪問や見守り、医療につながるための通院の受診干渉をしたり、往診を入れたりといろいろな取り組みを始めているが、公的機関にワーカーが配置されておらず、民間だけの採用になっている。民間ではワーカーのできる仕事は限られてしまう。

精神保健福祉士は事業所、病院など限られたところに勤めている。都内の行政職では中途採用はない。新規採用で資格をもって入っても事務職にされ、ソーシャルワークの実践経験をもつことができない。東京都内の行政では専門職は非常勤採用となり、五年くらいで雇止めをし、正規採用をしない。定着しない職場にはいい人材は集まらない。全体としてワーカーは不安定な立場にある。対等な立場での司法との連携ということで重責を任されても、基本的に無理がある。

司法の文化と福祉の文化は違うという問題もある。異なる文化をお互いに理解しあう土壌がないと連携は難しい。システムの問題もある。東京は弁護士会からの依頼になり、そうするとどうしても「雇う――雇われる」の関係になってしまい、そのことへの危惧も少なくない。司法関係から支払われる金銭でワーカーが雇われると、医療のなかで医師をトップとしたヒエラルキーの底辺に置かれてきたように、司法の専門職とも同じ関係にならないかという危惧をもつ。――

更生支援計画の問題

次は更生支援計画について。厄介な問題はワーカーにも共有されていた。

――更生支援計画は、アセスメントをして計画を立てて、この人にどういう支援が必要かという通常使っている福祉の支援計画書と、基本的には変わらない。更生支援計画を書くこと自体は難しくはないが、捜査段階で拘束されていると面接することができないので、情報提供をうまくしてもらえなかったり、制約を受けることがある。時間的にも限られるので、関係性を作るのに時間がかかる。アクリル板越しにどうやって信頼関係を作るのか難しい。一〇分一五分の面会では無理がある。事前に弁護人に、時間確保してもらえるよう依頼している。どこまで本人を理解して更生支援計画を書いているか、多くのワーカーは戸惑いながらやっている。

裁判中で警察署に留置中の人、起訴されて拘置所に行った人、被疑者被告人段階の人が、基本的には対象となるが、とくに判決が出て実刑になった人が、この仕組みの中ではあいまいな位置づけになっている。裁判が終わった時点で弁護士のかかわりは終わる。ワーカーは弁護人からの依頼で動いているので、本来はそこで役割は終わるのだが、実刑になって刑務所に入っても、いずれ出てくる。ワーカーがそこからどうかかわるかは、現在のところは個人の裁量になっている。出所するまで何年も待っているというワーカーもいれば、そんなに長く待てないし無責任に待っているとは言えない、何年も入っていたらお互いの状況も変わるだろうなど、いろいろな意見があって、難しい。――

そして、やはりここでも「そもそも論」が出てくる。

――そもそも、支援をするワーカーと本人との契約関係がないことに、強い危惧をもつ。面接をしたときに同意をとるが、本人の依頼ではないために、立場的に不安定である。ある更生支援コーディネーターが、釈放された次の日、支援に入ろうと思ったら、もう来ないでくれと言われた。更生支援計画で釈放後に支援を受けることにはプラス面もあるが、拘束力はない。拘束力をつけたほうがいい、相手は早く無罪放免になりたいと考えているのだから、という意見も一部にはあり、必ず履行しないと実刑に戻すという条件を付けるべきだというワーカーもいるが、しかしそれは福祉の司法化である。本人との信頼関係で進めるしかないが、担保する仕組みがない。――

更生支援計画には、また次のような問題もあった。

――面接のなかで余罪が出てくる場合がある。そうなると困るから、あまり根掘り葉掘り聞かないように、と弁護人から止められることがあったり、更生支援計画には載せなかったりすることもある。それは証拠隠しになるのではないか、と一部指摘を受けている。拘束されている状態で作成した支援計画であり、完全なものではない。それを完璧なもののように扱われてしまうと、実効性の面で危惧を覚える。あくまでも参考資料程度のものではないか。釈放された時点でもう一度面接をしてリアセスメントし、直さないといけないもので、社会福祉士会は判決後支援が大事だといっている。釈放された時点から実際の支援が始まるのだが、弁護人にはそこがカバーされていない。

最近、更生支援計画を実刑になった受刑者の刑事施設に送り、活用するようにという協議が、弁護士会と法務省刑事局・保護局でされて決定した。社会福祉士会からは全く反対意見が出ていないが、更生支援計画は、本来、ソーシャルワーカーと本人との一対一の関係のなかでつくられるもので、作った本人の手を離れて使われることには違和感を覚える。自分が作った支援計画は、自分のことばで書いてあるものだし、自分の支援でしか使わない。つながっている社会資源もワーカーによって異なり、別のワーカーが作れば別の更生支援計画ができる。ソーシャルワークにはそういう個別性がある。

更生支援計画の質を担保するために、研修を受けたワーカーの名簿を作成し、登録者の中から紹介をするというシステムをとっているが、出来上がった更生支援計画を査定する仕組みがない。報告を見せてもらうと、疑問符の付くものがあったりする。弁護士との打ち合わせの下で訴訟用として出しているものなので、支援のための支援計画とは違っていても仕方がないのかと思うこともある。どう質的な向上を図るかは課題である。

今までこの領域の対象者たちは支援のないまま放置されていたのだから、連携して支援することは大事なことだが、せっかく連携をするのならもっとしっかりと連携した方がいい。ワーカーが、心配しながら更生支援計画を作っていることを誰も口にしないが、グループインタビューをすると「更生支援計画は完全なものではないので、アセスメントをし直さないといけない」という意見は、多くのワーカーから出てくる。一人一人のスキルの問題があり、時間的、物理的な制約も受ける。本来ならもっと情報収集し、時間をかけて検討するべきものなのに、それができない。裁判のスケジュールがあるので、出さざるをえない。障害福祉サービスにも問題があるし、障害者や高齢者が捕まった時の司法の在り方にも問題があるし、これからどうやってもっとよいものにしていくか、論議を重ねる必要がある。――

これが、現場のワーカーたちのリアリティ溢れる声だった。

支援現場から

二〇一八年七月九日、赤平守に伴われて東京八王子の社会福祉法人武蔵野会に、理事長の高橋信夫を訪ねた。高橋と武蔵野会も、東京TSのネットワークのなかで活動している。高橋は「つなぎ役」ではなく、「受け皿」の側である。とくに支援の難しいケースを現場でどう引き受けているか。わたしのそんな問いかけに、高橋は次のようなケースを語ってくれた（個人を特定されないようにアレンジしている。文責は佐藤）。

Aさん。一流大学を卒業。重複した発達障害があり、物事へのこだわりが強く、状況の変化へ対応が困難、注意欠如、衝動性等に加え、光や音への刺激に弱く視覚や聴覚への影響も大きい。日常生活で多くの生きにくさを抱えている。障害ゆえの生きにくさ、偏見や障害への無理解による制度の未整備など、生きにくさはさまざまである。国を相手に民事裁判を複数抱えており、Aさんは裁判を進める中で必要となる書記官等との連絡調整が困難で、高橋が間に入って話を進めているという。

本人訴訟の裁判なので、精神的に落ち着いているときには、弁護士から賞賛されるような文章を書き、能力の高いところを見せながら、ときには精神的に激しく落ち込み、自宅で何日も静養がつづく。それをくり返しながら裁判を継続している。高橋は言う。

「多くの人がかかわっては、彼のさまざまな要求と強い口調に耐えられず、傷ついて離れていくということをこれまでくり返しています。八方ふさがりになると、死ぬしかないという言い方をすることもあり、支援者の不在は、自暴自棄につながる危うさを思わせるところがあります」

そんなAさんに、学生の頃から男性のカウンセラーが親身になって、粘り強くかかわってきた。その人がいたので、ここまで生きてこられたのだろうと、高橋は言う。

「障害ゆえでしょうが、人を批難し始めると止まらなくなり、人も傷つけるし自分も傷つけてしまい、生きにくさを助長している人です。一人暮らしで、生きにくさと戦いながら、よくあそこまで生きているなという気がしますね。

わたしも三年くらいの付き合いになりますが、何とか付き合っていける人と、彼が自分から外す人（支援者）とに分かれます。彼を支援する弁護士や政治家、福祉・行政関係者がいて、彼は国や制度と戦いながら生きています。大勢が彼に関わっていますが、支援者間を繋ぐことを誰か行わなければ支援を継続していくことができず、関係を作って誰かに渡すということが困難なので、長年付き添っているカウンセラーの方やわたしがどこまでやれるかなということですね」

さらに次のようにもいう。

「Aさんのように、支援者がいる場合は何とかなりますが、Bさんは、当法人の施設を訪ねるたびにさまざまな注文を出し、『合理的配慮』が足りないといっては、職員に反省文を書くよう要求し、断ると区や障害者団体に訴えます。障害者といいながら病識も薄く、医者ともうまく繋がっていない。支援者を批判することで関係を繋いでいるように見える方です。我々や地域がどう受け入れていくか、なす術がないという方で、とにかく現在は、振り回されていますが、何とか支援ができないかと思案しています」

インタビューをしながら、現場の労苦の大きさにわたしはため息をつくしかなかった。

Cさん。診断はないが、やはり発達障害ではないかと高橋は見立てている。子どものころからバイクを盗み続け、刑務所に入り、今度出所してくるので支援を始めるという。免許証はとっていない。一〇台、二〇台と盗んでは捕まり、親が弁償、盗んで捕まってはまた親が弁償。そんなことをくり返してきた。盗んだ車を売るわけではなく、乗って楽しむだけだという。親の弁済能力にも限界があり、逮捕にいたった。裁判にあたっては社会福祉士が支援に入り、そこで示された更生支援計画によって一年半に減刑された。そんなに短くしてよいのかという議論もあったというが、出所後に受け入れるところがあったことで減刑されたらしく、更生支援計画書が判決に影響を与えた事例として注目された。

「発達障害だと思いますが、知的障害だけではなく、発達障害をもち、世間に多少は迷惑をかけながらも、支援があれば生きていける人だと思います。わたしの法人の作業所で作業をしてもらいながら、一般企業に勤めてほしい。アパートを探すことになりますが、それまでは法人の施設かグループホームで生活をする予定です。彼自身、もう二度と刑務所には入りたくないという思いが強くあるので、地道に生活をしてくれれば、職業とアパートの斡旋まではやっていこうと考えています」

ふるさとの会、石川施設長時代のかりいほ、そして東京武蔵野会。わたしの知る「社会的受け皿」である。もちろんそれ以外にも、地道に受け入れを続けている現場は少なくない。本書では触れることができなかったが、北九州で生活困窮者支援を展開している奥田知志のNPO法人抱僕、長崎雲仙の南高愛隣会などはひときわ知名度が高い。それでも福祉全体の事業体では少数派だろうし、福祉にかかわる人にあっても、「犯罪と障害」の問題や、更生支援に関心をもつ人はやはり一部に限られるだろう。「津久井やまゆり園事件」の後、地域生活を是とする言論があふれ返った。もちろん、わたしに異論はない。しかし、地域生活には必ずリスクが伴う。犯罪の被害にも加害にも遭遇しかねない。被害はまだしも、偶然が偶然を呼び、重大事件の加害者となった時にどのような対応の手立てを用意しておくか。やまゆり園事件の大きな集会にあって、こうした視点をもっともってくれればよいのに、と感じることが何度かあった。

「司法と福祉の協働」という始まったばかりの領域にあり、現場の労苦がいかに大きいか、そこにはどれだけのリスクが伏在しているか。多くの課題をもちつつも、少しずつ「その先へ」と踏み出しており、その先陣を切っている方がたの取り組みを、わずかなりともお伝えできればと、この間、パソコンに向かい続けた。

最後に異端（?）の社会福祉士・平岡祐二のことばを引いて、本書を閉じたい。

「この業界の九九パーセントの人が、一生懸命手をかけることが仕事だと思い込んでいますね。

介護もそうですね。介護保険というのは、『介護される人』を作り出す仕組みです。障害のある方の支援もそうで、法律ができればできるほど、『支援される人』をたくさん作ってしまう」

もちろんいい面はある。介護保険導入以前、低所得の人にしか支援が回らなかった。それが広がったのはよかったが、みんなが「サービスの必要な人」になってしまった。

「本来は、社会福祉の仕事がたくさんあって福祉士の生活が潤うことは変なことなので（それだけ困り事を抱えている人が多いことになるわけですから）、そのことへの感度がない専門職なんかは増えない方がいいと思いませんか」

わたしはこの意見に同意する。

支援をどう解きほぐしていくか。傍からは気づかれないものにしていくか。それが目指すべき支援の在り方だと思ってきた。平岡のいうところに全面的に賛成するのは、このような理由による。支援が必要ではなくなる支援。「支援」とはそのような背理をもつ営みである。

支援のみならず、福祉自体がときに背理となる。かつて障害者施設の建設が、親たちと国との長い交渉のはてに認められた時、家族にとってはこれで共倒れにならなくて済むという〝救い〟だった。時代を経るにつれて、施設の収容性や当事者の意思を無視した非人権的な場だと非難されるようになった。刑法三九条も、重篤な精神疾患をもつ加害者を救う人権的配慮のもとに導入された保護の制度だった。しかしそれは「裁かれる権利を奪う差別条項である」と、一部の識者や当事者に批判された。

養護学校の義務化も同様である。重度の障害をもっていたわたしの弟は、ついに一度も学校なるものを体験したことがないまま生涯を閉じた。そんな弟と六〇年代を過ごしたわたしのような者から見れば、なぜそれが地域からの隔離だと批判されるのか、しばらく理解できなかった。このように「障害者の保護」のために取り入れられた「よき福祉や制度」が、時間の経過とともに、人権を侵害する仕組みだと批判される事態はときに起こる。

更生支援も同様だろうと思う。入り口支援も出口支援も、障害当事者にとっては自己決定を阻む「福祉の介入」であり、人権侵害だと批判される時代がいずれはやってこないとも限らない。そのためにも再犯防止と更生支援は異なる、ということへの感度。支援が必要ではなくなる支援、という感度。そのことを自覚しておくことは必要だろう。この本の通奏低音を、一貫してそこに求めてきた。うまく書けているかどうかは、読んでくださる方々の手に委ねたい。

＊

取材をお願いし、ご登場いただいている方がたとは、この間、幸運にも知己を得ることとなったわけですが、遠くにいたそれぞれの方が、それぞれの出会い方でこのテーマと向き合うようになっています。そして一〇年二〇年を経て、「協働と更生支援」という同じ目標を見据えて取り組むようになっているわけです。そのことに、ちょっとした不思議さと感銘を受けてきました。

気がつけば、それぞれの領域の第一線で活躍する錚々たる方々が並んでいます。お名前は出しませんが、お一人お一人から、わたしにとって血となり肉となる多くを学ばせていただき、励まされ続けてきました。ぶしつけなお願いを差し上げるばかりでしたが、心よく引き受けてくださったことに、ただ感謝するばかりです。わたしの役割は、それをできるだけ正確に再現し、より効果的に届くように専念することでした。なかなかうまく書けず、三回四回と全面改稿を続けてきました。あきらめたこともありますが、「この本は絶対に形にして世に出さなければならない」と思ってきました。そうでなければ、取材に応じてくださった方々に申し訳が立ちません。本書にもし手柄があるとするならば、最良の知見と情報を、労を惜しまずに伝えてくださった方々にあります。

＊

「更生支援」とはいえ、加害者がいればそこには必ず被害者の方がおられます。『自閉症裁判』を執筆するさなかに、ご遺族の、一日二四時間三六五日、まさに地獄のなかに置かれている胸の内をお聞きする機会をいただき、その時の衝撃は片時も忘れないように努めてきました。『自閉症裁判』以降、「加害者の弁護のようなことばかり書いているが、被害者のことは考えないのか」ということばを何度かいただいてきましたが、「反論」は封印してきました。わたしのような立場の者が「被害者の心情に寄り添う」などと軽々と書くことを、固く禁じてきたのです。それがせめてもの節度だと考えてきました。このような更生支援の取り組みを、犯罪被害を受けた方々、遺族の方々がどう受け止めるだろうか、という自問は、絶えずわたしのなかにありました。

ともあれ、二〇年にわたって取り組み続けてきた仕事を論創社の森下紀夫さんに受けとめていただき、このような形でまとめることができたことは、何よりもの喜びです。つないでくれたのは今回も小川哲生さん。そして第Ⅰ部を雑誌『世界』に連載させていただいた時の担当編集者の堀貴子さん。改めて、これまでお会いしていただいたすべての方々に、お礼を申し上げるばかりです。

二〇一九年十二月一日　佐藤幹夫

佐藤 幹夫（さとう・みきお）
1953年生まれ。秋田県出身。養護学校の教員を20年以上勤める。その後フリージャーナリストとして活動。批評誌『飢餓陣営』の主宰者として、思想・文学・心理学など幅広い分野で評論活動も行う。著書に『自閉症裁判』（朝日文庫）、『一七歳の自閉症裁判』（岩波現代文庫）、『知的障害と裁き ドキュメント千葉東金事件』（岩波書店）、『ルポ認知症ケア最前線』Ⅰ（岩波新書）、『ルポ高齢者ケア 都市の戦略、地方の再生』（ちくま新書）、『評伝島成郎』（筑摩書房）など多数。

ルポ　闘う情状弁護へ――「知的・発達障害と更生支援」、その新しい潮流

2020年3月20日　初版第1刷印刷
2020年3月25日　初版第1刷発行

著　者　佐藤幹夫
発行者　森下紀夫
発行所　論 創 社
東京都千代田区神田神保町 2-23　北井ビル
tel. 03（3264）5254　fax. 03（3264）5232　web. http://www.ronso.co.jp/
振替口座　00160-1-155266
装幀／間村俊一
印刷・製本／中央精版印刷　組版／フレックスアート
ISBN978-4-8460-1903-7